JUNGE KÜCHE

Muffins

Compact Verlag

Abkürzungen

EL	Esslöffel	TK	Tiefkühl...
TL	Teelöffel	kcal	Kilokalorien
kg	Kilogramm	kJ	Kilojoule
g	Gramm	EW	Eiweiß
mg	Milligramm	F	Fett
l	Liter	KH	Kohlenhydrate
ml	Milliliter	Bd.	Bund
cl	Zentiliter	Msp.	Messerspitze
gestr.	gestrichen	1 kJ = 0,239 kcal	
geh.	gehäuft	1 kcal = 4,184 kJ	
Die angegebene Backtemperatur bezieht sich stets auf Herde mit Ober- und Unterhitze.			

Impressum

© 2008 Compact Verlag München

Chefredaktion: Dr. Angela Sendlinger
Redaktion: Anna Fleck
Produktion: Wolfram Friedrich
Umschlaggestaltung und Layout: Regina Rechter

ISBN 978-3-8174-6298-8
5362981

Besuchen Sie uns im Internet: www.compactverlag.de

Inhalt

Extra

Muffins

JUNGE KÜCHE

Muffins perfekt backen

Muffins backen ist superein-fach. Die kleinen Küchlein sind schnell gemacht und gelingen auch absoluten Backanfängern. Beachtet man ein paar wenige Grundregeln, kann nichts schiefgehen:

Die Muffinform

> Am einfachsten lassen sich Muffins in der Muffinform ba-cken. Diese gibt es im Handel in der Regel mit 12 Vertiefungen à 7,5 cm Durchmesser.

> Die Vertiefungen der Muffin-form mit Butter einfetten und das Blech kurz in den Kühl-schrank oder das Tiefkühlfach stellen. Dadurch verbindet sich beim Backen die feste Butter weniger schnell mit dem Teig. Die Muffins erhalten eine Kruste und lassen sich leichter aus der Form lösen.

> Alternativ können Sie die gefettete Muffinform mit Mehl bestäuben oder Papierförmchen in die Mulden setzen.

> Sollten Sie keine Muffinform haben, geht es natürlich auch ohne. Einfach 2 – 3 Papierförm-chen ineinandersetzen und der Teig bleibt schön in Form.

Der perfekte Teig

> Zuerst alle trockenen Zutaten wie beispielsweise Mehl, Back-pulver, gemahlene Nüsse und Kakaopulver in einer Schüssel vermischen.

> Anschließend die feuchten Zutaten wie zerlassene Butter, Milch und Eier in einer zweiten Schüssel gründlich verquirlen.

> Nun die trockenen zu den feuchten Zutaten geben und nur so lange rühren, bis alle Zutaten feucht sind. Rührt man nämlich zu lange, werden die Muffins später trocken.

> Den Teig nun mit einem Löffel in die vorbereitete Form zu ca. $2/3$ füllen und in den vorgeheiz-ten Backofen schieben. Nur wenn die Muffins sofort geba-cken werden, gehen sie schön auf und werden luftig-locker.

Die Grundzutaten

Mehl: In der Regel wird einfa-ches Weizenmehl (Type 405) verwendet. Vollkornmehl passt besonders gut zu pikanten Muf-fins. Zur Hälfte können Sie das Mehl durch Haferflocken, Gries, gemahlene Nüsse oder durch zerbröselte Kekse ersetzen.

Backtreibmittel: Backpulver lockert in Verbindung mit Flüssigkeit den Teig auf und lässt ihn locker aufgehen. Natron lässt die Muffins ebenfalls schön luftig werden. Mischen Sie Backpulver und Natron stets gründlich unter die trockenen Zutaten, damit sie gleichmäßig wirken können.

Zucker: Zum Süßen eignen sich weißer und brauner Zucker. Auch mit Honig oder Dicksäften lässt sich gut süßen, doch sollte man davon nicht allzu viel verwenden, da sie im Geschmack sehr intensiv sind.

Eier: Sie verbinden die Zutaten zu einem Teig und halten ihn zusammen. Frische Eier erkennen Sie daran, dass sie in einem Glas mit kaltem Wasser am Boden liegen bleiben. Sind die Eier hingegen schon etwas älter, steigen sie im Wasser nach oben. Eier können durch Apfelmus ersetzt werden. Dafür pro Ei ca. 80 g Apfelmus verwenden.

Milchprodukte: Durch Milch, Buttermilch, saure Sahne, Molke, Kefir und Co. werden die Muffins schön saftig. Frucht- und Vanillejoghurt verleihen den Küchlein weiteres Aroma.

Fett: Verwenden Sie für süße Muffins unbedingt geschmacks-neutrales Öl wie beispielsweise Rapsöl, Sonnenblumenöl oder Distelöl. Olivenöl und Nussöl sind wegen ihres intensiven Geschmacks eher für pikante Muffins geeignet. Butter und Margarine müssen vor der Verarbeitung geschmolzen werden bzw. sehr weich sein.

Obst: Beeren, Äpfel, Bananen & Co. verleihen den Muffins eine unwiderstehliche Frische. Kleine Früchte im Ganzen zugeben, größere zuvor in kleine Stückchen schneiden. Sie können auch abgetropfte Früchte aus dem Glas oder der Dose verwenden. Tiefgekühltes Obst unaufgetaut unter den Teig mischen. Trockenfrüchte vorher am besten ca. 1 Stunde in etwas Flüssigkeit (Wasser, Saft, Wein, Likör) einweichen.

Gemüse: Fein geraspelt oder klein geschnitten verfeinert Gemüse pikante Muffinvarianten. Mais oder Bohnen aus der Dose gut abtropfen lassen. Klein geschnittenen Lauch vorher kurz andünsten. Tomaten entkernen und den Fruchtsaft abtropfen lassen, da der Teig sonst zu flüssig wird. Getrocknete Tomaten sorgen für zusätzliches Aroma.

Nüsse & Samen: Besonders eignen sich Mandeln, Sesam-samen, Pinienkerne, Haselnüsse, Walnüsse und Kürbis-kerne. Gemahlen kann man sie unter das Mehl rühren, gehackt zum Schluss unter den Teig ziehen oder als Dekoration auf die Muffins streuen.

Gewürze: Sie sind ein unverzichtbarer Bestandteil der kleinen Küchlein. Für süße Muffins eignen sich Vanille, abgeriebene Zitronen- oder Orangenschale, Zimt, Anis, Ingwer und Kardamom; für pikante Varianten alles von Paprika- über Curry- bis hin zum scharfen Chilipulver.

JUNGE KÜCHE

Himbeermuffins mit Marzipan

[Abb. Cover]

FÜR 12 STÜCK:

Fett für die Form
200 g Himbeeren
(frisch oder tiefgekühlt)
100 g Butter
120 g Zucker
1 Ei
275 g saure Sahne
250 g Mehl
50 g gemahlene Mandeln
1 Prise Salz
2 ½ TL Backpulver
½ TL Natron
60 g Marzipanrohmasse
Puderzucker zum
Bestäuben
frische Himbeeren zum
Garnieren

> Muffinform einfetten und in den Kühlschrank stellen oder Papierförmchen in die Vertiefungen hineinsetzen. Backofen auf 180 Grad vorheizen.

> Frische Himbeeren verlesen, tiefgekühlte nur leicht antauen lassen.

> In einer Schüssel weiche Butter mit Zucker cremig rühren, Ei unterschlagen und saure Sahne einrühren. In einer zweiten Schüssel Mehl, Mandeln, Salz, Backpulver und Natron vermischen.

> Die trockenen Zutaten zur Butter-Sahne-Mischung geben und mit einem Kochlöffel nur so lange rühren, bis die trockenen Zutaten feucht sind. Zum Schluss Himbeeren unterheben.

> Die Hälfte vom Teig in die Mulden füllen. Marzipanrohmasse in kleinen Stückchen gleichmäßig darauf verteilen und mit dem restlichen Teig auffüllen.

> Im Backofen (Mitte) ca. 25 Minuten backen. Herausnehmen, Muffins noch 5 Minuten in der Form ruhen lassen, dann aus den Vertiefungen lösen und abkühlen lassen.

> Mit Puderzucker bestäuben und nach Belieben mit frischen Himbeeren garniert servieren.

> Nährwerte pro Stück:
264 kcal, 1106 kJ, 5 g EW,
14 g F, 29 g KH

Statt Himbeeren eignen sich auch schwarze Johannisbeeren, klein geschnittene Erdbeeren oder frische Stachelbeeren.

Muffins

süß & einfach

JUNGE KÜCHE

Espresso-Schoko-Muffins [Abb.]

FÜR 12 STÜCK:

Fett für die Form
300 g Zartbitterschokolade
125 g Butter
3 Eier
160 g Rohrohrzucker
1 Päckchen Bourbon-
Vanillezucker
1 Prise Salz
200 g saure Sahne
60 ml Espresso
280 g Weizenmehl (Type
550, z. B. von Alnatura)
2 TL Weinsteinbackpulver

> Muffinform einfetten und in den Kühlschrank stellen oder Papierförmchen in die Vertiefungen hineinsetzen. Backofen auf 200 Grad vorheizen.

> 200 g Zartbitterschokolade fein hacken und zusammen mit der Butter im Wasserbad schmelzen. Anschließend abkühlen lassen.

> Restliche Schokolade grob hacken. Eier, Rohrohrzucker, Vanillezucker und Salz in einer Schüssel mit einem Schneebesen zu einer schaumigen Masse aufschlagen, Schokoladen-Butter-Masse nach und nach einfließen lassen. Saure Sahne und Espresso unterrühren.

> Mehl und Backpulver mischen und mit einem Kochlöffel zügig unter den Teig rühren. Schokoladenstückchen unterheben.

> Teig in die Vertiefungen der Muffinform füllen und im heißen Backofen auf mittlerer Schiene 12 – 15 Minuten backen. Blech aus dem Ofen nehmen, Muffins 5 Minuten in der Form ruhen lassen, herausnehmen und abkühlen lassen.

> Nährwerte pro Stück: 380 kcal, 1589 kJ, 7 g EW, 20 g F, 42 g KH

Mandelmuffins mit Butterstreusel [zum Tee]

FÜR 12 STÜCK:

Fett für die Form
Für den Teig:
280 g Mehl, 70 g Zucker
1 Päckchen Vanillezucker
1 ½ TL Natron, ½ TL Salz
40 g Butter, 1 Ei
220 g Joghurt
¼ TL Bittermandelaroma
50 g gehackte Mandeln
Für die Streusel:
3 EL Butter
40 g Mehl
50 g brauner Zucker
50 g gehackte Mandeln

> Backofen auf 200 Grad vorheizen. Muffinform einfetten und in den Kühlschrank stellen.

> Für den Teig Mehl, Zucker, Vanillezucker, Natron und Salz in einer Schüssel vermischen. Butter zerlassen, etwas abkühlen lassen und mit Ei, Joghurt und Bittermandelaroma mit einem Schneebesen in einer zweiten Schüssel gut vermengen.

> Mehlmischung zu den flüssigen Zutaten geben und zügig vermischen. Teig in die Form füllen, mit gehackten Mandeln bestreuen. Auf mittlerer Schiene 18 – 20 Minuten backen.

> Für die Streusel Butter zerlassen und ⅔ davon in eine Schüssel geben. Mehl, braunen Zucker und gehackte Mandeln zugeben und alles gut vermischen. Teig zwischen den Händen zu Bröseln verreiben.

> Muffinform aus dem Ofen nehmen, nach 5 Minuten Muffins aus der Form lösen. Muffins in restliche zerlassene Butter tauchen und in die Streusel tunken.

> Nährwerte pro Stück: 240 kcal, 1000 kJ, 5 g EW, 10 g F, 3 g KH

Möhren-Mohn-Muffins [gut kombiniert]

FÜR 12 STÜCK:

250 g Möhren
100 g Haselnusskerne
50 g Mohn
Fett für die Form
1 Zitrone (unbehandelt)
1 Msp. Nelkenpulver
1 Msp. Zimt
200 g Weizenmehl
(Type 1050)
2 TL Weinsteinbackpulver
1 Ei
150 g brauner Rohrzucker
100 ml Speiseöl
200 g Buttermilch
Puderzucker zum
Bestäuben

> Möhren waschen, schälen und fein raspeln. Haselnusskerne und Mohn fein mahlen. Backofen auf 180 Grad vorheizen. Muffinform einfetten und in den Kühlschrank stellen oder Papierförmchen in die Vertiefungen hineinsetzen.

> Zitrone heiß waschen, trocken tupfen und die Schale abreiben. Eine Zitronenhälfte auspressen. Möhrenraspel mit Nüssen, Mohn, Zitronenschale und 1 EL Zitronensaft gut vermischen. Alles mit Nelkenpulver und Zimt würzen.

> Mehl und Backpulver in einer Schüssel mischen. Ei und Zucker in einer zweiten Schüssel cremig rühren, dann Öl und Buttermilch unterschlagen. Jeweils nach und nach zuerst die Möhren- und dann das Mehl unter die Eimischung rühren.

> Teig in die Förmchen füllen. Muffins im Backofen (Mitte) 20 – 25 Minuten backen.

> Muffins aus dem Backofen nehmen und kurz abkühlen lassen. Dann aus der Form stürzen und vollständig erkalten lassen. Mit Puderzucker bestäuben.

> Nährwerte pro Stück:
280 kcal, 1160 kJ, 5 g EW, 16 g F, 28 g KH

Auch Ei-Allergiker müssen nicht auf die Muffins verzichten: Ersetzen Sie das Ei durch eine Mischung aus 1 EL vollfettem Sojamehl und 3 – 4 EL Wasser. Weinsteinbackpulver erhalten Sie im Reformhaus oder Bioladen.

Zu den Muffins passt ein Vollkorn-Fitness-Drink: 2 große Bananen schälen und mit einer Gabel zerdrücken. Zusammen mit 400 ml Möhrensaft, 200 ml Orangensaft und dem Saft 1 Zitrone pürieren. 6 EL Instantflocken einrühren und mit 2 EL Honig süßen. Den Drink in 4 Gläser füllen und gut gekühlt servieren.

Muffins

Zimtmuffins [Abb.]

FÜR 12 STÜCK:

Fett für die Form
250 g Mehl
2 TL Backpulver
140 g brauner Zucker
Salz
3 TL Zimt
1/4 TL Ingwerpulver
120 g Butter
2 Eier
240 ml Buttermilch
50 g gemahlene
Haselnüsse

> Muffinform einfetten und in den Kühlschrank stellen oder Papierförmchen in die Vertiefungen hineinsetzen. Backofen auf 180 Grad vorheizen.

> Mehl und Backpulver in einer Schüssel vermischen. Zucker, Salz, die Hälfte des Zimts sowie Ingwerpulver vermischen und unter das Mehl mengen.

> Weiche Butter in einer zweiten Schüssel schaumig schlagen. Eier verquirlen und nach und nach daruntermengen, Buttermilch zufügen. Mehlmischung zügig unterarbeiten, dabei nur so lange rühren, bis die trockenen Zutaten feucht sind.

> Teig in die Vertiefungen der Muffinform füllen, Haselnüsse mit dem restlichen Zimt vermischen und auf die Muffins streuen. Im Backofen (Mitte) ca. 18 Minuten backen.

> Form aus dem Ofen nehmen und Muffins 5 Minuten ruhen lassen. Anschließend aus den Mulden lösen und auf einem Kuchengitter vollständig erkalten lassen.

> Nährwerte pro Stück:
246 kcal, 1030 kJ, 5 g EW, 12 g F, 29 g KH

Müslimuffins [ideal zum Frühstück]

FÜR 12 STÜCK:

Fett für die Form
2 Eier
30 g Butter oder Margarine
100 g Rohrzucker
150 g Joghurt
100 g Mehl
1 1/2 TL Backpulver
200 g ungesüßtes Müsli
etwas Aprikosen-
marmelade

> Muffinform einfetten und in den Kühlschrank stellen oder Papierförmchen in die Vertiefungen hineinsetzen. Backofen auf 200 Grad vorheizen.

> Eier schaumig schlagen. Butter oder Margarine schmelzen, etwas abkühlen lassen und mit Zucker und Joghurt verrühren.

> Mehl und Backpulver sieben, mit Müsli (3 EL davon beiseitestellen) vermischen und zügig in die Joghurtmasse rühren.

> Teig in die Mulden füllen und restliches Müsli darüberstreuen. Muffins im Ofen (Mitte) 15 – 20 Minuten backen.

> Form aus dem Backofen nehmen, 5 Minuten abkühlen lassen, dann die Muffins herausheben. Mit leicht erwärmter Konfitüre bestreichen.

> Nährwerte pro Stück:
166 kcal, 697 kJ, 4 g EW, 4 g F, 28 g KH

JUNGE KÜCHE

Honigmuffins mit Topping [für Gäste]

> Eine Muffinform mit Butter einfetten und in den Kühlschrank stellen oder Papierförmchen in die Vertiefungen hineinsetzen. Backofen auf 200 Grad vorheizen.

> Mehl, Backpulver, Natron und Mandeln in einer Schüssel vermischen. Ei, Honig, Orangeback, Öl und Joghurt in einer zweiten Schüssel mit einem Schneebesen schaumig schlagen. Mehlgemisch dazugeben und nur so lange rühren, bis alle Zutaten feucht sind.

> Den Teig in die Vertiefungen der Muffinform füllen und im Backofen (Mitte) 20 Minuten backen.

> In der Zwischenzeit Eiweiß mit Salz sehr steif schlagen. Puderzucker einrieseln lassen. Muffins aus dem Ofen nehmen und in der Form 5 Minuten abkühlen lassen. Baisermasse in einen Spritzbeutel mit Lochtülle (ca. 7 mm Ø) füllen und spiralförmig Hauben auf die Muffins spritzen.

> Die Muffins auf mittlerer Schiene im Backofengrill bei 200 Grad (ersatzweise auf unterster Schiene bei 200 Grad Oberhitze) 5 Minuten überbacken, bis die Baisermasse leicht gebräunt ist.

> Muffins aus dem Ofen nehmen, im Blech kurz ruhen lassen, aus der Form lösen und abkühlen lassen. Zum Schluss mit dem Krokant verzieren.

> Nährwerte pro Stück:
322 kcal, 1347 kJ, 6 g EW,
14 g F, 39 g KH

FÜR 12 STÜCK:
Fett für die Form
Für den Teig:
280 g Mehl
2 TL Backpulver
1/2 TL Natron
100 g gehackte Mandeln
1 Ei
150 g Honig
1 Päckchen Orangeback
(z. B. von Schwartau)
80 ml Speiseöl
220 g Joghurt
Für das Topping:
3 Eiweiß
1 Prise Salz
100 g Puderzucker
100 g Haselnusskrokant

Dazu passt ein Vanille-Sahne-Kaffee: 1 Eiweiß steif schlagen. 125 g Sahne mit 1/2 TL Bourbon-Vanillezucker ebenfalls steif schlagen und beides mischen. 4 Kaffeetassen mit der Hälfte der Eiweiß-Sahne-Mischung füllen, mit 1/2 l heißem Kaffee auffüllen und sofort servieren. Je nach Geschmack mit Zucker süßen.

Muffins

Schokomuffins black & white [ein Kinderhit]

FÜR 12 STÜCK:

Fett für die Form
125 g Butter
125 g Zucker
2 Eier
200 ml Milch
340 g Mehl
2 TL Backpulver
1 Prise Salz
1 geh. EL Kakaopulver
100 g Zartbitterschokolade
100 g weiße Schokolade
Puderzucker und
Kakaopulver zum
Bestäuben

> Backofen auf 200 Grad vorheizen. Muffinform einfetten und in den Kühlschrank stellen oder Papierförmchen in die Vertiefungen hineinsetzen.

> In einer Schüssel weiche Butter schaumig schlagen. Nach und nach Zucker und Eier zufügen und alles hell cremig schlagen. Milch unterrühren. Mehl, Backpulver und Salz mischen und zügig unter die flüssigen Zutaten rühren.

> Die Hälfte des Teigs in eine zweite Schüssel füllen und darin mit dem Kakaopulver verrühren. Zartbitterschokolade klein würfeln und unter den dunklen Teig rühren. Weiße Schokolade ebenfalls klein würfeln und unter den hellen Teig rühren.

> Die Teige mit getrennten Löffeln in die Vertiefungen der Form verteilen, dabei in jede Mulde zur Hälfte hellen und zur anderen Hälfte dunklen Teig geben.

> Muffins auf der mittleren Schiene im Backofen 25 – 30 Minuten backen. 5 Minuten in der Form abkühlen lassen, dann herauslösen und dekorativ mit Puderzucker und Kakaopulver bestäuben.

> Nährwerte pro Stück: 329 kcal, 1376 kJ, 6 g EW, 16 g F, 40 g KH

Für den dunklen Teig kann man auch Vollmilchschokolade mit oder ohne Haselnüsse verwenden. Dann allerdings etwas weniger Zucker nehmen.

Reichen Sie dazu einen Schoko-Nuss-Nugat-Dip: 200 g Frischkäse mit 3 EL Nuss-Nugat-Creme (Glas) verrühren. 3 EL Schokoladenraspel, 1 EL Puderzucker und 2 EL weiche Butter gründlich unterrühren. In kleinen Schälchen zu den Muffins servieren.

Muffins

JUNGE KÜCHE

Latte-Macchiato-Muffins [herb-süß]

FÜR 12 STÜCK:

Fett für die Form
Für den Teig:
80 g Mokkabohnen
280 g Mehl
1 EL Kakaopulver
3 TL Backpulver
60 g Margarine
2 Eier
100 g Zucker
150 ml starker, kalter
Kaffee oder Espresso
150 ml Milch
Für die Glasur:
150 g Puderzucker
2 EL starker, kalter Kaffee
oder 1 TL lösliches
Espressopulver
2 EL Cremefine zum
Kochen
12 Mokkabohnen

> Muffinform einfetten und in den Kühlschrank stellen oder Papierförmchen in die Vertiefungen setzen. Backofen auf 180 Grad vorheizen.

> Für den Teig Mokkabohnen grob hacken. Mit Mehl, Kakao- und Backpulver mischen. Margarine zerlassen und abkühlen lassen. In einer Schüssel mit Eiern und Zucker gut verrühren, Kaffee und Milch dazugeben und alles vermischen.

> Mehlmischung zu der flüssigen Mischung geben und nur so lange rühren, bis die trockenen Zutaten feucht sind.

> Teig in die Muffinfom füllen und im Backofen (Mitte) ca. 25 Minuten backen. Muffins im Blech ca. 5 Minuten ruhen lassen, dann herausnehmen und auf einem Kuchengitter abkühlen lassen.

> Für die Glasur Puderzucker mit Kaffee und Cremefine glatt rühren. Muffins mit der Glasur bepinseln und mit je 1 Mokkabohne dekorieren.

> Nährwerte pro Stück:
239 kcal, 1000 kJ, 5 g EW, 7 g F, 38 g KH

Was passt dazu besser als ein schokoladiger Macchiato mit Krokanthaube? 1 TL Butter, 40 g Zucker und 1 Päckchen Vanillinzucker in einer beschichteten Pfanne langsam schmelzen. 40 g gehackte Mandeln zugeben und unter Rühren bräunen lassen. Auf ein mit Backpapier belegtes Blech geben und noch warm zerkrümeln. 100 g Zartbitterschokolade fein hacken und in 200 ml heißem Espresso auflösen. 600 ml heiße Milch mit einem Milchaufschäumer aufschlagen und in 4 Gläser füllen. Schoko-Espresso vorsichtig aufgießen, sodass sich zwischen Milch und Milchschaum eine Schicht Schokolade absetzt. Zum Schluss mit dem Krokant bestreuen.

Muffins
JUNGE KÜCHE

Coca-Cola-Muffins [für den Kindergeburtstag]

FÜR 12 STÜCK:

280 g Mehl
3 TL Backpulver
½ TL Zimt
50 g gehackte Walnüsse
50 g Schokoraspel
1 Ei
150 g Zucker
125 g Butter
150 ml Coca-Cola
100 g Buttermilch
60 g Puderzucker
1 – 2 EL Coca-Cola
Colafläschchen aus
Fruchtgummi zum
Garnieren

> Backofen auf 160 Grad vorheizen. Papierförmchen in die Muffinform setzen.

> Mehl in eine Schüssel sieben und mit Backpulver, Zimt, Nüssen und Schokoraspeln mischen.

> In einer zweiten Schüssel Ei schaumig schlagen. Zucker, weiche Butter, Cola und Buttermilch darin verrühren. Die Mehlmischung zufügen und mit einem Kochlöffel nur so lange rühren, bis alle trockenen Zutaten feucht sind.

> Teig in die Form füllen und im Backofen (Mitte) 30 Minuten backen.

> Muffins 5 Minuten in der Form ruhen lassen, herausnehmen und auf einem Kuchengitter abkühlen lassen.

> Zum Garnieren Puderzucker mit Cola verrühren und auf die Muffins streichen. Zusätzlich jeden Muffin mit 1 – 2 Fruchtgummifläschchen garnieren.

> Nährwerte pro Stück:
131 kcal, 550 kJ, 4 g EW,
4 g F, 19 g KH

Gewürzmuffins [weihnachtlich]

FÜR 12 STÜCK:

100 g Butter
3 Eier
150 g Zucker
200 g Joghurt
300 g Mehl
2 TL Backpulver
2 EL Zitronat
2 EL Rosinen
1 TL Lebkuchengewürz
und/oder Zimt
1 Prise Salz
Puderzucker zum
Bestäuben

> Backofen auf 180 Grad vorheizen. Butter zerlassen und etwas abkühlen lassen. Eier und Zucker schaumig schlagen. Joghurt und Butter unterrühren.

> Mehl, Backpulver, Zitronat und Rosinen mit den Gewürzen mischen. Alles zusammen mit der Joghurt-Eier-Mischung vermengen, dabei nur so lange rühren, bis sich die Masse verbindet.

> Papierförmchen in die Vertiefungen der Muffinform setzen. Teig hineinfüllen und im Ofen (Mitte) 20 – 25 Minuten backen. Herausnehmen und kurz ruhen lassen. Muffins aus den Vertiefungen lösen und abkühlen lassen. Mit Puderzucker bestäuben.

> Nährwerte pro Stück:
256 kcal, 1075 kJ, 10 g EW,
5 g F, 37 g KH

fruchtig &
saftig

Kirsch-Mohn-Muffins [gelingen leicht]

FÜR 12 STÜCK:

Fett für die Form
Für den Teig:
100 g Margarine
(z. B. von Sanella)
1 Prise Salz
50 g Honig
2 Eier
175 g Mehl (Type 550)
½ Päckchen Backpulver
1 TL abgeriebene
Zitronenschale
(unbehandelt)
75 ml Milch
Für die Füllung:
250 g Mohnback
30 g Sultaninen
30 g gehackte Mandeln
1 Eigelb
1 Päckchen Rumaroma
75 g Kirschen, entsteint
Außerdem:
Puderzucker zum
Bestäuben

> Eine Muffinform mit Butter einfetten und in den Kühlschrank stellen oder Papierförmchen in die Vertiefungen hineinsetzen. Backofen auf 180 Grad vorheizen.

> Für den Teig Margarine, Salz und Honig mit dem Handrührgerät cremig rühren. Eier nacheinander dazugeben. Mehl, Backpulver und Zitronenschale mischen, sieben und abwechselnd mit der Milch unter den Teig rühren.

> Für die Füllung Mohnback, Sultaninen, gehackte Mandeln, Eigelb, Rumaroma und 3 EL Wasser verrühren. Die Kirschen vorsichtig unterheben.

> Teig in die Vertiefungen der Muffinform füllen, Mohnmasse darauf verteilen. Ein Holzstäbchen vorsichtig spiralförmig durch den Teig ziehen. Im Ofen (Mitte) ca. 30 Minuten backen.

> Blech aus dem Ofen nehmen, Muffins 5 Minuten in der Form ruhen lassen, herausnehmen und abkühlen lassen. Mit Puderzucker bestäuben.

> Nährwerte pro Stück:
266 kcal, 1108 kJ, 6 g EW,
16 g F, 24 g KH

Statt frischer Kirschen können Sie auch abgetropfte Schattenmorellen aus dem Glas verwenden.

Zu einem süßen Highlight werden die Muffins mit einem Mascarpone-Kirsch-Dip: Dafür 200 g Mascarpone mit 2 EL gesiebtem Puderzucker und 1 Päckchen Bourbon-Vanillezucker verrühren. 100 g entsteinte Kirschen fein pürieren und unter die Creme mischen.

Muffins

Rhabarber-Baiser-Muffins [festlich]

FÜR 12 STÜCK:

200 g Rhabarber
Mehl zum Bestäuben
150 g Butter
100 g Rohrohrzucker
(z. B. von Alnatura)
1 Päckchen Bourbon-
Vanillezucker
1 Prise Salz
3 EL Milch
abgeriebene Schale von
1 Orange (unbehandelt)
2 EL Orangensaft
3 Eier, getrennt
200 g Weizenmehl
(Type 1050)
50 g gemahlene Mandeln
2 TL Weinsteinbackpulver
100 g Amarettini
Fett für die Form
2 EL Puderzucker

> Rhabarberstängel waschen, schälen und in ½ cm dicke Stücke schneiden. Mit etwas Mehl bestäuben. Backofen auf 180 Grad vorheizen.

> Weiche Butter, Zucker und Vanillezucker in einer Schüssel mit dem Schneebesen schaumig rühren. Salz, Milch, Orangenschale und -saft hinzufügen. 3 Eigelb nach und nach unterrühren.

> Mehl, Mandeln und Backpulver mischen und zügig unter den Teig rühren. Rhabarberstückchen unterheben. Amarettini in einen Gefrierbeutel geben und mit einem Nudelholz fein zerbröseln.

> Muffinform einfetten und mit einem Teil der Amarettinikrümel ausstreuen. Teig in die Mulden füllen und im Ofen (Mitte) 20 Minuten backen.

> Eiweiß steif schlagen, Puderzucker und restliche Amarettinikrümel einrieseln lassen.

> Muffins aus dem Ofen nehmen, Eiweißmasse auf den Muffins verteilen und weitere 10 Minuten backen, dabei darauf achten, dass die Baisermasse nicht zu dunkel wird.

> Muffins im Blech 5 Minuten ruhen lassen, dann aus der Form lösen und abkühlen lassen.

> Nährwerte pro Stück:
270 kcal, 1130 kJ, 5 g EW, 16 g F, 28 g KH

Rhabarberfans können dazu zusätzlich Rhabarberkompott reichen: 500 g Rhabarber putzen, jedoch nicht schälen. Die Stangen waschen, leicht trocken tupfen, in ca. 2 cm lange Stücke schneiden und mit 100 g Zucker bestreuen. Rhabarber Saft ziehen lassen, dann 1 Päckchen Vanillinzucker hinzufügen. Rhabarber mit dem eigenen Saft in einen Topf geben und weich dünsten. Kompott abkühlen lassen und zu den Muffins servieren.

Muffins

Quark-Grieß-Muffins mit Kirschen

FÜR 12 STÜCK:

Fett für die Form
ca. 40 Kirschen
(aus dem Glas)
50 g Butter
100 g Zucker
2 Eier
50 g Grieß (z. B. Pomps
Kindergrieß)
½ Päckchen Backpulver
1 Päckchen Bourbon-
Vanillezucker
½ Päckchen Vanille-
puddingpulver
250 g Magerquark
1 – 2 TL Zitronensaft

[Abb.]

> Muffinform einfetten und in den Kühlschrank stellen oder Papierförmchen in die Vertiefungen hineinsetzen.

> Backofen auf 175 Grad vorheizen. Kirschen in einem Sieb abtropfen lassen, gegebenenfalls entsteinen.

> Butter und Zucker in einer Schüssel mit dem Handrührgerät schaumig rühren. Eier, Grieß, Backpulver, Vanillezucker und Vanillepuddingpulver unterrühren. Quark unterheben und mit Zitronensaft abschmecken.

> Teig in die Form füllen. Jeweils 3 – 4 Kirschen auf die Muffins setzen und im Backofen auf der zweiten Schiene von unten ca. 35 Minuten backen.

> Muffins aus dem Ofen nehmen, in der Form kurz ruhen lassen. Aus den Vertiefungen herausholen und am besten lauwarm genießen.

> Nährwerte pro Stück:
129 kcal, 542 kJ, 5 g EW,
5 g F, 16 g KH

Apfel-Zimt-Muffins [schmecken zum Tee]

FÜR 12 STÜCK:

Fett für die Form
2 Äpfel (z. B. Golden
Delicious)
280 g Mehl
2 TL Zimt
1 Päckchen Backpulver
Salz
1 Ei
90 g Zucker
80 ml Öl
200 g Buttermilch
⅛ l Apfelsaft

> Muffinform einfetten und in den Kühlschrank stellen oder Papierförmchen in die Vertiefungen hineinsetzen. Backofen auf 200 Grad vorheizen.

> Äpfel schälen, vierteln, vom Kernhaus befreien und fein würfeln. Mehl mit Zimt, Backpulver und 1 Prise Salz verrühren, Apfelwürfel zugeben.

> In einer großen Schüssel Ei verquirlen, Zucker, Öl, Buttermilch

und Saft untermischen. Mehl-Apfel-Mischung dazugeben und zügig unterrühren. Teig in die Form füllen und im Backofen (Mitte) 20 – 25 Minuten backen.

> Muffins aus dem Ofen nehmen, kurz in der Form ruhen lassen, herauslösen und auf einem Kuchengitter erkalten lassen.

> Nährwerte pro Stück:
199 kcal, 832 kJ, 4 g EW,
8 g F, 29 g KH

Nektarinenmuffins mit Möhrenraspeln

[Abb.]

FÜR 12 STÜCK:

Fett für die Form
100 g Mehl
3 TL Backpulver
75 g Haferflocken
80 g Rosinen
2 kleine Nektarinen
1 große Banane
1 Möhre
150 g saure Sahne
1 EL Zitronensaft
180 g Zucker
1 Prise Salz
1 Päckchen Bourbon-Vanillezucker
3 EL Öl
2 Eier
50 g gehackte Haselnüsse

> Muffinform einfetten und in den Kühlschrank stellen oder Papierförmchen in die Vertiefungen hineinsetzen. Backofen auf 190 Grad vorheizen.

> In einer Schüssel Mehl, Backpulver und Haferflocken mischen. Rosinen heiß waschen, in warmem Wasser kurz quellen und in einem Sieb abtropfen lassen.

> Nektarinen waschen, entsteinen und in kleine Würfelchen schneiden. Banane schälen und in Scheiben schneiden. Möhre schälen und sehr fein reiben.

> Banane und Möhre in einer hohen Schüssel mit der sauren Sahne und Zitronensaft pürieren. Mit Zucker, Salz, Vanillezucker und Öl verquirlen, bis sich der Zucker aufgelöst hat. Danach die Eier unterrühren. Mehlmischung zügig untermengen, Nüsse, Rosinen und Nektarinenwürfel zugeben.

> Teig in die Vertiefungen der Muffinform füllen. Im Backofen (Mitte) 25 – 30 Minuten backen. Herausnehmen und 5 Minuten in der Form ruhen lassen. Dann aus der Form lösen und auf einem Kuchengitter auskühlen lassen.

> Nährwerte pro Stück:
230 kcal, 962 kJ, 5 g EW,
8 g F, 35 g KH

Bananenmuffins [ganz einfach]

FÜR 12 STÜCK:

Fett für die Form
2 Eier
150 g Zucker
100 ml Öl
3 EL Joghurt
200 g Mehl
2 ½ TL Backpulver
4 Bananen
200 ml Milch
8 EL Nutella

> Muffinform einfetten und in den Kühlschrank stellen oder Papierförmchen in die Vertiefungen hineinsetzen. Backofen auf 200 Grad vorheizen.

> Eier schaumig schlagen und mit Zucker, Öl und Joghurt glatt rühren. Mehl und Backpulver in einer zweiten Schüssel mischen, sieben und zügig unter die Eimasse heben. Teig in die Form füllen und im Ofen (Mitte) 15 – 20 Minuten backen, anschließend etwas abkühlen lassen.

> Bananen schälen, 3 davon mit Milch und Nutella pürieren. Muffins mit einem Teelöffel etwas aushöhlen und jeweils etwas Bananenmilch in die Vertiefungen füllen. Die restliche Banane in Scheiben schneiden und die Muffins damit belegen.

> Nährwerte pro Stück:
318 kcal, 1332 kJ, 5 g EW,
8 g F, 35 g KH

Erdbeer-Ricotta-Muffins

[schmecken nach Sommer]

> Muffinform einfetten und in den Kühlschrank stellen oder Papierförmchen in die Vertiefungen hineinsetzen. Backofen auf 180 Grad vorheizen.

> Für die Füllung Amarettini in einen Gefrierbeutel geben und mit einem Nudelholz zerbröseln. Krümel mit Ricotta verrühren. Frische Erdbeeren waschen, putzen und klein würfeln. Erdbeeren vorsichtig unter den Ricotta heben.

> Für den Teig Mehl mit Backpulver mischen. Margarine zerlassen und etwas abkühlen lassen. In einer Schüssel Margarine, Ei, Zucker, Vanillezucker und Joghurt mit dem Handrührgerät verrühren.

Mehlmischung zur Joghurtmasse geben und nur so lange rühren, bis alle Zutaten feucht sind.

> Vertiefungen der Muffinform zur Hälfte mit Teig füllen. Erdbeer-Ricotta-Masse darauf verteilen, restlichen Teig daraufsetzen. Im Backofen (Mitte) ca. 25 Minuten backen.

> Muffins im Blech ca. 5 Minuten ruhen lassen, dann herausnehmen und auf einem Kuchengitter abkühlen lassen. Kalt oder lauwarm genießen.

> Nährwerte pro Stück:
221 kcal, 921 kJ, 5 g EW, 9 g F, 29 g KH

FÜR 12 STÜCK:
Fett für die Form
10 Amarettini
100 g Ricotta
150 g Erdbeeren
250 g Mehl
3 TL Backpulver
80 g Margarine
(z. B. von Rama)
1 Ei
100 g Zucker
1 Päckchen Bourbon-Vanillezucker
150 g Joghurt mit Vanillegeschmack
150 g Naturjoghurt

Sie können auch tiefgekühlte Erdbeeren verwenden. Tauen Sie die Früchte jedoch zuvor nicht auf, sondern mengen Sie diese gefroren unter den Ricotta.

Amarettini lassen sich ganz einfach selbst zubereiten: 2 Eiweiß, 1 Prise Salz und 100 g Puderzucker zu Eischnee schlagen. 100 g Zucker, 1 cl Amaretto und 200 g gemahlene Mandeln vermischen und behutsam unterheben. Den Teig in einen Spritzbeutel füllen und haselnussgroße Tupfen auf ein mit Backpapier belegtes Blech spritzen. Im vorgeheizten Backofen bei 150 Grad 15 – 20 Minuten backen.

Muffins

JUNGE KÜCHE

Heidelbeer-Marzipan-Muffins [Abb.]

FÜR 12 STÜCK:

Fett für die Form
200 g Heidelbeeren
100 g Marzipanrohmasse
100 g Butterschmalz
(z. B. von Butaris)
90 g Zucker
1 Prise Salz
4 Eier
150 g Mehl
1 TL Backpulver
Puderzucker
einige Johannisbeerrispen
zum Garnieren, gezuckert

> Backofen auf 180 Grad vorheizen. Muffinform einfetten und in den Kühlschrank stellen oder Papierförmchen in die Vertiefungen hineinsetzen. Heidelbeeren waschen und gut abtropfen lassen.

> Marzipanrohmasse in Stücke schneiden und mit zimmerwarmem Butterschmalz, Zucker, Salz, Eiern in einer Rührschüssel mit dem Handrührgerät gut verrühren. Mehl und Backpulver zufügen und zu einem cremigen Teig verarbeiten.

> Teig in die Förmchen füllen. Heidelbeeren darauf verteilen und im Ofen (Mitte) ca. 25 Minuten backen.

> Muffins 5 Minuten in der Form abkühlen lassen, anschließend aus der Form lösen und mit Puderzucker bestreuen. Nach Wunsch mit gezuckerten Johannisbeerrispen garnieren.

> Nährwerte pro Stück:
163 kcal, 684 kJ, 2 g EW, 9 g F, 18 g KH

Grapefruitmuffins [gelingen leicht]

FÜR 12 STÜCK:

Fett für die Form
1 Grapefruit
280 g Mehl
2 TL Backpulver
1/2 TL Natron
100 g Butter
3 Eier
140 g Zucker
200 g Crème fraîche
1 Päckchen Bourbon-Vanillezucker

> Backofen auf 190 Grad vorheizen. Muffinform einfetten und in den Kühlschrank stellen oder Papierförmchen in die Vertiefungen hineinsetzen.

> Grapefruit schälen, in kleine Stückchen schneiden und den Saft dabei auffangen.

> Mehl, Backpulver und Natron in einer Schüssel vermischen. In einer zweiten Schüssel weiche Butter, Eier, Zucker, Crème fraîche und Vanillezucker schaumig schlagen. Mehlgemisch zügig unterheben und Grapefruitstücke mit Saft unterrühren.

> Teig in die Muffinförmchen füllen und im Ofen (Mitte) 20 – 25 Minuten backen. Herausnehmen, in der Form 5 Minuten ruhen lassen, aus den Vertiefungen lösen und auf einem Kuchengitter abkühlen lassen.

> Nährwerte pro Stück:
272 kcal, 1142 kJ, 5 g EW, 14 g F, 32 g KH

Muffins

JUNGE KÜCHE

Früchtemuffins mit Kürbiskernen

[herbstlich]

FÜR 12 STÜCK:

Fett für die Form
50 g Zitronat
50 g getrocknete Aprikosen
150 ml Keimöl
100 g Zucker
abgeriebene Schale von
1 Zitrone (unbehandelt)
3 Eier
150 g Weizenvollkornmehl
150 g Mehl
3 gestr. TL Backpulver
3 – 4 EL Milch
50 g Rosinen
50 g gehackte Haselnüsse
80 g Kürbiskerne
Puderzucker zum
Bestäuben

> Muffinform einfetten und in den Kühlschrank stellen oder Papierförmchen in die Vertiefungen setzen. Backofen auf 175 Grad vorheizen. Zitronat und Aprikosen fein würfeln.

> Keimöl in einer Schüssel mit Zucker, Zitronenschale und Eiern gut verrühren. Mehl und Backpulver mischen und mit der Milch zur Ölmischung geben. Alles zügig vermischen. Zuletzt Rosinen, Zitronat, Aprikosen, Haselnüsse und 50 g Kürbiskerne untermengen.

> Teig in die Förmchen füllen, mit den restlichen Kürbiskernen bestreuen und im Backofen (Mitte) ca. 25 Minuten backen.

> Form aus dem Ofen nehmen, Muffins kurz ruhen lassen, aus den Vertiefungen lösen und auf einem Küchengitter abkühlen lassen. Mit Puderzucker bestäuben.

> Nährwerte pro Stück:
255 kcal, 1061 kJ, 5 g EW,
14 g F, 26 g KH

Ananas-Joghurt-Muffins [exotisch]

FÜR 12 STÜCK:

1 kleine Dose Ananasstücke
3 Eier, 125 g Zucker
½ Päckchen Bourbon-Vanillezucker
3 EL Pflanzenöl
125 g Joghurt
abgeriebene Schale von
1 Zitrone (unbehandelt)
150 g Mehl
1 ½ TL Backpulver
150 g Puderzucker

> Backofen auf 200 Grad vorheizen. Papierförmchen in die Muffinform hineinsetzen. Ananas abtropfen lassen, 2 EL Saft auffangen. 12 Ananasstücke für die Garnitur beiseitestellen.

> Eier schaumig schlagen. Zucker, Vanillezucker, Öl, Joghurt und Zitronenschale einrühren. Mehl und Backpulver auf die Eimasse sieben und zügig unterrühren.

> Teig in die Vertiefungen füllen, Ananasstücke darauf verteilen und leicht eindrücken. Muffins im Ofen (Mitte) 15 – 20 Minuten backen.

> Form aus dem Backofen nehmen, 5 Minuten ruhen lassen. Dann die Muffins herauslösen.

> Puderzucker mit dem Ananassaft verrühren, Muffins damit bestreichen und mit je einem Stück Ananas garnieren.

> Nährwerte pro Stück:
214 kcal, 899 kJ, 3 g EW,
5 g F, 39 g KH

hochprozentig
& raffiniert

JUNGE KÜCHE

Himbeer-Bananen-Muffins mit Eierlikörtopping [für Gäste]

FÜR 12 STÜCK:

Fett für die Form
Für den Teig:
80 g Margarine
1 Ei
100 g Zucker
1 Päckchen Bourbon-
Vanillezucker
250 g Joghurt
2 reife Bananen
(ca. 200 g ohne Schale)
280 g Mehl
3 TL Backpulver
200 g TK-Himbeeren
Für das Eierlikörtopping:
200 g Cremefine zum
Schlagen
1 TL Zucker
1 TL Bourbon-Vanillezucker
3 EL Eierlikör

> Muffinform einfetten und in den Kühlschrank stellen oder Papierförmchen in die Vertiefungen setzen. Backofen auf 180 Grad vorheizen.

> Margarine zerlassen und abkühlen lassen. Ei, Zucker, Vanillezucker, Margarine und Joghurt mit den Quirlen des Handrührgeräts gut verrühren. Bananen zerdrücken, unterrühren.

> Mehl mit Backpulver mischen, Mehlmischung zur Eimasse geben und nur so lange mit einem Löffel rühren, bis die trockenen Zutaten feucht sind. 150 g unaufgetaute Himbeeren vorsichtig unterheben.

> Muffinform mit dem Teig befüllen. Im Backofen (Mitte) ca. 25 Minuten backen. Muffins im Blech 5 Minuten ruhen lassen, dann herausnehmen und auf einem Kuchengitter abkühlen lassen.

> Für das Eierlikörtopping Cremefine mit Zucker und Vanillezucker aufschlagen. Eierlikör unterrühren. Muffins mit Eierlikörtopping bestreichen und mit den restlichen, aufgetauten Himbeeren garnieren.

> Nährwerte pro Stück:
243 kcal, 1013 kJ, 4 g EW,
10 g F, 32 g KH

Eierlikör hausgemacht: 2 große frische Eier mit 2 frischen Eigelb in ein hohes Rührgefäß geben und mit dem Stabmixer cremig pürieren. 250 g Puderzucker sieben und löffelweise unter die Eier mischen, $1/8$ l Weingeist (aus der Apotheke) zufügen und verrühren. 300 g kalte Sahne steif schlagen und unter den Alkohol rühren. Eierlikör in eine saubere Halbliterflasche füllen und im Kühlschrank einige Tage aufbewahren. Vor dem Verzehr die Flasche kurz schütteln.

Muffins

Schoko-Baileys-Muffins [Abb. rechts]

FÜR 12 STÜCK:

Fett für die Form
100 g Vollmilchschokolade
260 g Mehl
2 TL Backpulver
1/2 TL Natron
1 Ei
140 g Zucker
125 g Butter
1/4 l Milch, 4 EL Baileys
1 Päckchen Vanillinzucker
200 g Halbbitterkuvertüre
gehobelte
Halbbitterschokolade zum
Garnieren

> Backofen auf 160 Grad vorheizen. Muffinform einfetten und in den Kühlschrank stellen oder Papierförmchen in die Vertiefungen hineinsetzen.

> Vollmilchschokolade fein hacken. Mehl mit Backpulver, Natron und Schokolade in einer Schüssel vermengen. Ei, Zucker und weiche Butter in einer zweiten Schüssel schaumig rühren. Milch, Baileys und Vanillinzucker gut unterrühren. Mehlmischung zufügen und nur so lange rühren, bis alle Zutaten feucht sind.

> Teig in die Vertiefungen füllen und im Backofen (Mitte) 20 – 25 Minuten backen. Blech aus dem Ofen nehmen, Muffins in der Form 5 Minuten auskühlen lassen und anschließend auf ein Kuchengitter legen.

> Inzwischen Kuvertüre im Wasserbad schmelzen. Die Muffins damit überziehen und mit gehobelter Schokolade verzieren.

> Nährwerte pro Stück:
372 kcal, 1562 kJ, 6 g EW,
16 g F, 49 g KH

Kokoslikörmuffins [Abb. links]

FÜR 12 STÜCK:

100 g Frischkäse
70 g Kokosraspel
2 EL Kokoslikör
2 EL Puderzucker
250 g Mehl
3 TL Backpulver
2 Eier, 100 g Zucker
80 ml Öl
300 g saure Sahne
Für die Verzierung:
150 g Puderzucker
3 EL Kokoslikör
Kokosraspel

> Papierförmchen in die Muffinform hineinsetzen. Backofen auf 180 Grad vorheizen.

> Für die Füllung Frischkäse mit 1 EL Kokosraspeln, Likör und Puderzucker verrühren, beiseitestellen.

> Für den Teig Mehl mit restlichen Kokosraspeln und Backpulver gut vermischen. In einer zweiten Schüssel Eier verquirlen, Zucker, Öl und saure Sahne dazugeben und alles miteinander verrühren. Mehlmischung zur Eimasse geben und nur so lange rühren, bis die trockenen Zutaten feucht sind.

> Die Hälfte vom Teig in die Vertiefungen einfüllen. Füllung darauf verteilen und mit dem restlichen Teig auffüllen. Im Ofen (Mitte) 20 – 25 Minuten backen.

> Muffins aus dem Ofen nehmen und abkühlen lassen.

> Puderzucker mit Kokoslikör zu einem dicklichen Guss verrühren, die Muffins damit einpinseln und mit Kokosraspeln bestreuen.

> Nährwerte pro Stück:
353 kcal, 1483 kJ, 5 g EW,
18 g F, 42 g KH

Amaretto-Mandel-Muffins [Abb.]

FÜR 12 STÜCK:

Fett für die Form
250 g Mehl (Type 405)
1 EL Backpulver
1 Prise Salz
150 g gemahlene Mandeln
60 g Zucker
180 ml Milch
1 Ei
50 ml Sonnenblumenöl
6 cl Amaretto
50 g Mini-Butterkekse
Puderzucker zum
Bestäuben

> Muffinform einfetten und in den Kühlschrank stellen oder Papierförmchen in die Vertiefungen setzen. Backofen auf 200 Grad vorheizen.

> Mehl, Backpulver, Salz, Mandeln und Zucker in einer Schüssel vermischen. In einer zweiten Schüssel Milch, Ei und Öl gut miteinander verrühren. Mehlmischung zufügen und nur so lange rühren, bis alle trockenen Zutaten feucht sind. Zum Schluss Amaretto unterrühren.

> Teig maximal 2/3 hoch in die Vertiefungen füllen, Butterkekse daraufsetzen und leicht andrücken. Im Ofen (Mitte) ca. 25 Minuten backen, bis die Muffins oben aufreisen.

> Blech aus dem Ofen nehmen, Muffins 5 Minuten ruhen lassen, aus der Form lösen und auf einem Kuchengitter erkalten lassen. Nach Belieben mit Puderzucker bestäuben.

> Nährwerte pro Stück:
253 kcal, 1059 kJ, 6 g EW,
13 g F, 26 g KH

Batida-de-Coco-Muffins [mmmhhh...]

FÜR 12 STÜCK:

Fett für die Form
1 Glas Schattenmorellen
(720 g)
220 g Mehl
80 g Speisestärke
1 Päckchen Backpulver
60 g Kokosraspel
160 g Butter
90 g Zucker
2 Eier
200 ml Batida de Coco

> Muffinform einfetten und in den Kühlschrank stellen oder Papierförmchen in die Vertiefungen setzen. Backofen auf 180 Grad vorheizen.

> Kirschen in einem Sieb abtropfen lassen, dabei den Saft auffangen. Mehl, Speisestärke, Backpulver und Kokosraspel in einer Schüssel vermischen.

> Butter zerlassen und leicht abkühlen lassen. In einer zweiten Schüssel Butter mit Zucker, Eiern, Batida de Coco und dem Kirschsaft schaumig schlagen. Die Mehlmischung zugeben und zügig untermischen.

> Teig in die Vertiefungen der Form füllen und im Ofen (Mitte) 20 – 25 Minuten backen. Aus dem Ofen nehmen, kurz in der Form ruhen lassen, herauslösen und auf einem Kuchengitter abkühlen lassen.

> Nährwerte pro Stück:
363 kcal, 1518 kJ, 4 g EW,
16 g F, 44 g KH

JUNGE KÜCHE

Muffins für Feste

Muffins sind die perfekten Begleiter für Feste aller Art. Ein Kindergeburtstag ohne die kleinen Küchlein? Kaum vorstellbar. Mit der passenden Verzierung lassen sie sich toll verschenken, zum Beispiel zum Geburtstag oder zum Valentinstag. Beim Osterbrunch oder auf dem Buffet einer Halloweenparty machen sie einiges her und sind die großen Stars.

Halloweenmuffins

> 1 Banane schälen, mit einer Gabel fein zerdrücken und mit 2 EL Zitronensaft mischen. 2 Eier mit 70 g Zucker, 4 EL Öl und 6 EL Buttermilch schaumig rühren. Bananenmus untermischen.

> 250 g Mehl mit ½ Päckchen Backpulver mischen und mit 50 g geriebener Schokolade kurz unter die Ei-Buttermilch-

Masse rühren, bis alle trockenen Zutaten feucht sind.

> Muffinform einfetten und mit Mehl bestäuben oder Papierförmchen in die Vertiefungen setzen. Teig hineinfüllen und im vorgeheizten Backofen bei 200 Grad ca. 20 Minuten backen. Kurz in der Form ruhen lassen und herausnehmen.

> 200 g Puderzucker mit 2 EL Zitronensaft dicklich verrühren. Ca. 2 EL davon abnehmen und mit 2 TL Kakaopulver dunkel färben. Die weiße Glasur großzügig auf den Muffins verstreichen.

> Braune Glasur in einen kleinen Plastikbeutel füllen, eine winzige Ecke abschneiden und Ringe aufspritzen, diese dann mit einem Zahnstocher spinnennetzartig nach außen ziehen und trocknen lassen.

Muffins für Verliebte

> Muffinform einfetten und in den Kühlschrank stellen oder Papierförmchen einsetzen. Backofen auf 180 Grad vorheizen.

> Für den Teig 150 g Himbeeren waschen, putzen, verlesen, trocken tupfen und klein schnei-

den. Anschließend mit 250 g Mehl, 2 ½ TL Backpulver und ½ TL Natron vermengen.

> 100 g Zucker, 80 ml Öl, 150 g Sahne und 120 ml Buttermilch mit 1 Ei verquirlen. Mehlmischung rasch unter die Eimasse rühren, bis die trockenen Zutaten feucht sind.

> Teig in die Vertiefungen füllen und im Ofen (Mitte) 20 – 25 Minuten backen. Herausnehmen, in der Form 5 Minuten abkühlen lassen, dann herauslösen und auf ein Kuchengitter geben.

> Zum Verzieren 150 g Himbeeren mit 1 EL Puderzucker pürieren und durch ein Sieb streichen. 200 g Sahne steif schlagen und ca. ¾ vom Himbeerpüree untermischen.

> Aus 1 dünnem Biskuitboden (Fertigprodukt) 12 kleine Herzen ausstechen und diese mit etwas Himbeerpüree mit einer kleinen Spritztüte bespritzen. Sahne auf den Muffins verteilen und je ein Biskuitherz auflegen.

Ostermuffins

> 120 g Mehl (z. B. von Aurora), 40 g Speisestärke und 2 TL Backpulver mischen und sieben. 4 Eier trennen. Eigelb und 120 g Zucker mit dem Handrührgerät schaumig rühren.

> Eiweiß mit 60 g Zucker und 1 Prise Salz zu sehr steifen Schnee schlagen, 100 g gemahlene Haselnüsse und 100 g gemahlene Mandeln unterheben. Mehl-Stärke-Mischung, 250 g geraspelte Möhren, 2 cl Orangenlikör und 4 EL Orangensaft unter die Eier-Zucker-Masse rühren. Zuletzt Eischnee vorsichtig unterheben.

> Muffinform einfetten und mit zerbröselten Butterkeksen ausstreuen. Masse in einen Spritzbeutel mit Lochtülle füllen und in die einzelnen Vertiefungen geben (daumenbreiten Rand lassen).

> Im vorgeheizten Ofen auf der mittleren Schiene bei 180 Grad ca. 30 Minuten backen. Muffins kurz ruhen lassen, aus der Form stürzen und auf einem Kuchengitter auskühlen lassen.

> 250 g Puderzucker sieben und 100 g davon mit der Marzipanrohmasse vermengen. 2/3 mit gelber und roter Lebensmittelfarbe orange, 1/3 grün einfärben. Kleine Rübchen formen. Restlichen Puderzucker mit Orangensaft verrühren und die ausgekühlten Muffins mit dem Zuckerguss bestreichen. Die Muffins mit den Marzipanrübchen verzieren.

Bienchenmuffins für den Kindergeburtstag

> Papierförmchen in die Vertiefungen des Muffinblechs setzen. Backofen auf 180 Grad vorheizen. 50 g Butterkekse in einen Gefrierbeutel geben und mit einem Nudelholz fein zerbröseln. 150 g Mehl mit den Bröseln, 1 Päckchen Puddingpulver, 1 1/2 TL Backpulver und 1/2 TL Natron mischen.

> In einer zweiten Schüssel 1 Ei leicht verquirlen, 80 g Honig, 60 ml Öl und 100 ml Buttermilch gut unterrühren. 1 Banane schälen, mit einer Gabel zerdrücken und untermischen. Die Mehlmischung zur Eimasse geben und nur so lange verrühren, bis die trockenen Zutaten feucht sind.

> Teig in Papierförmchen füllen und im Ofen (Mitte) 15 – 20 Minuten backen. Blech aus dem Ofen nehmen, Muffins 5 Minuten abkühlen lassen, dann herausnehmen und auf ein Kuchengitter stürzen.

> 200 g Marzipanrohmasse mit 100 g Puderzucker verkneten und dabei mit gelber Lebensmittelfarbe einfärben. In 12 Stücke teilen und Bienenkörper daraus formen.

> 50 g dunkle Kuvertüre klein schneiden und im Wasserbad schmelzen. In eine kleine Spritztüte füllen und Streifen auf die Bienenkörper spritzen. Jeweils 2 Mandelblättchen als Flügel anstecken. 50 g Butter mit 40 ml Honig und 1/2 TL Zimt erhitzen und wieder etwas abkühlen lassen. Muffins darin eintauchen, die Bienchen darauflegen und die Glasur antrocknen lassen.

Feigen-Rotwein-Muffins [Abb.]

FÜR 12 STÜCK:

200 g getrocknete Feigen
6 cl Orangenlikör
¹⁄₈ l Rotwein
Fett für die Form
125 g Butter
125 g brauner Zucker
¹⁄₄ TL Zimt
1 Prise Salz
2 Eier
125 g Mehl
1 Päckchen Backpulver
2 frische Feigen
4 EL Aprikosenkonfitüre

> Getrocknete Feigen in kleine Würfel schneiden, mit Orangenlikör und Rotwein mischen und über Nacht im Kühlschrank ziehen lassen.

> Muffinform einfetten und in den Kühlschrank stellen oder Papierförmchen in die Vertiefungen setzen. Backofen auf 180 Grad vorheizen.

> Die eingelegten Feigen in einem Sieb gut abtropfen lassen und etwas ausdrücken. Weiche Butter und Zucker schaumig aufschlagen. Zimt, Salz und Eier unterrühren. Mehl und Backpulver vermischen und zügig unter die Butter-Ei-Mischung rühren. Zuletzt die abgetropften Feigen unterheben.

> Teig in die Vertiefungen der Muffinform füllen. Im Backofen (Mitte) ca. 20 Minuten backen. Herausnehmen und 5 Minuten ruhen lassen. Muffins aus der Form lösen und auf einem Kuchengitter abkühlen lassen.

> Frische Feigen waschen und in dünne Spalten schneiden. Die Aprikosenkonfitüre erhitzen, die Törtchen damit bestreichen und mit Feigenspalten belegen.

> Nährwerte pro Stück: 259 kcal, 1084 kJ, 4 g EW, 10 g F, 35 g KH

Whiskey-Kaffeelikör-Muffins [exquisit]

FÜR 12 STÜCK:

Fett für die Form
250 g Mehl
1 Päckchen Backpulver
1 großes Ei
125 g brauner Zucker
120 g Sahne
6 cl Whiskey
100 ml Kaffeelikör

> Muffinform einfetten und in den Kühlschrank stellen oder Papierförmchen in die Vertiefungen setzen. Backofen auf 180 Grad vorheizen.

> Mehl und Backpulver miteinander vermischen. In einer großen Schüssel Ei, Zucker, Sahne, Whiskey und Kaffeelikör schaumig rühren. Mehl zugeben und nur so lange vermengen, bis es feucht ist.

> Teig in die Vertiefungen der Form füllen und im Ofen (Mitte) ca. 25 Minuten backen. Form aus dem Ofen nehmen, kurz ruhen lassen und die Muffins herauslösen. Auf einem Kuchengitter abkühlen lassen.

> Nährwerte pro Stück: 177 kcal, 740 kJ, 3 g EW, 4 g F, 29 g KH

Muffins

Schokomuffins mit Orangenlikör [Abb.]

FÜR 12 STÜCK:

Fett für die Form
2 Eiweiß
120 ml Orangensaft
5 cl Orangenlikör
90 ml Öl
140 g Mehl
180 g Zucker
100 g Schokoladenraspel
60 g Speisestärke
1 EL Backpulver
1 EL abgeriebene
Orangenschale
(unbehandelt)
1 Prise Salz

> Muffinform einfetten und in den Kühlschrank stellen oder Papierförmchen in die Vertiefungen hineinsetzen. Backofen auf 180 Grad vorheizen.

> Für den Teig das Eiweiß steif schlagen. In einer Schüssel Orangensaft, Orangenlikör und Öl miteinander verrühren und unter den Eischnee ziehen.

> In einer zweiten Schüssel Mehl mit Zucker, Schokoladenraspeln, Speisestärke, Backpulver, Orangenschale und Salz vermischen. Zügig unter die Eiweißmasse arbeiten.

> Teig in die Vertiefungen der Muffinform füllen und im Backofen (Mitte) ca. 25 Minuten backen. Herausnehmen und 5 Minuten in der Form abkühlen lassen. Dann aus der Form lösen und auf einem Kuchengitter auskühlen lassen.

> Nährwerte pro Stück:
251 kcal, 1050 kJ, 3 g EW,
10 g F, 35 g KH

Noch mehr Schokolade? Einfach 100 g dunkle Kuvertüre im Wasserbad schmelzen und die Muffins damit überziehen.

Prosecco-Mandarinen-Muffins [unwiderstehlich]

FÜR 12 STÜCK:

Fett für die Form
1 Dose Mandarinen
(ca. 220 g)
80 g Butter
300 g Mehl
2 TL Backpulver
1 Ei
120 g Zucker
1 Päckchen Bourbon-
Vanillezucker
200 ml Prosecco
100 g saure Sahne

> Muffinform einfetten und in den Kühlschrank stellen oder Papierförmchen in die Vertiefungen setzen. Backofen auf 180 Grad vorheizen.

> Mandarinen in einem Sieb abtropfen lassen, danach in kleine Stückchen schneiden. Butter zerlassen und leicht abkühlen lassen.

> Mehl und Backpulver mischen. In einer großen Schüssel Ei, Zucker, Vanillezucker, weiche Butter, Prosecco und saure Sahne schaumig schlagen. Mehl zugeben und zügig untermengen. Zum Schluss Mandarinen darin vermengen.

> Teig in die Form füllen und im Ofen (Mitte) ca. 25 Minuten backen. Herausnehmen, kurz ruhen lassen, Muffins herauslösen und auf einem Kuchengitter abkühlen lassen.

> Nährwerte pro Stück:
179 kcal, 724 kJ, 4 g EW,
7 g F, 21 g KH

Ingwermuffins mit Orangenlikör

[asia-style]

FÜR 12 STÜCK:

Fett für die Form
60 g kandierter Ingwer
180 g Mehl
2 TL Backpulver
½ TL Natron
Salz
100 g Butter
100 g Zucker
1 EL abgeriebene
Orangenschale
(unbehandelt)
2 EL Ingwerpulver
1 Ei
4 EL Orangensaft
4 EL Orangenlikör
250 g Puderzucker
gelbe Lebensmittelfarbe

> Backofen auf 180 Grad vorheizen. Muffinform einfetten und in den Kühlschrank stellen oder Papierförmchen in die Vertiefungen hineinsetzen.

> Ingwer fein hacken. Mehl in einer Schüssel mit Ingwer, Backpulver, Natron und 1 Prise Salz vermischen.

> In einer zweiten Schüssel weiche Butter und Zucker schaumig schlagen, Orangenschale und 1 EL Ingwerpulver untermischen. Ei, 2 EL Orangensaft und 2 EL Orangenlikör unterrühren. Mehlmischung zur Buttermasse geben und zügig vermischen.

> Teig in die Vertiefungen füllen und im Ofen (Mitte) 20 – 25 Minuten backen. Herausnehmen und kurz in der Form ruhen lassen, anschließend auf ein Kuchengitter stürzen und abkühlen lassen.

> Puderzucker mit restlichem Orangensaft und Orangenlikör, dem restlichen Ingwerpulver und 1 EL Wasser zu einer Glasur verrühren. Ein wenig Guss wegnehmen und mit Lebensmittelfarbe einfärben.

> Muffins mit der Glasur bestreichen und mit dem eingefärbten Guss nach Wunsch chinesische Schriftzeichen oder Ornamente auf die Muffins malen.

> Nährwerte pro Stück:
271 kcal, 1134 kJ, 3 g EW, 8 g F, 46 g KH

Wie wärs dazu mit einem heißen Tee mit Orangenlikör? Dafür 1 unbehandelte Orange heiß waschen, trocken reiben und mit einem Juliennereißer die Schale abraspeln. Den Saft auspressen. Orangenschale mit 1 EL Zucker in einen Topf geben und so lange erhitzen, bis der Zucker geschmolzen ist. Mit Orangensaft und 4 EL Orangenlikör ablöschen und kurz aufkochen lassen. 1 EL schwarzen Tee mit ½ l heißem Wasser aufgießen, 4 Minuten ziehen lassen, durchsieben und mit dem Orangensaft mischen. Orangentee nach Geschmack süßen. Ergibt 4 Tassen.

Muffins

Italienische Tiramisumuffins

[klassisch mit Mascarpone]

FÜR 12 STÜCK:

Fett für die Form
100 g Löffelbiskuits
200 g Mehl
2 TL Backpulver
1 Ei
100 ml Öl
100 ml Milch
100 g Zucker
1 Päckchen Orangeback
200 ml kalter, starker Kaffee
4 cl Marsala
Für die Creme:
100 g Magerquark
50 g Zucker
250 g Mascarpone
Kakaopulver oder Puderzucker zum Bestäuben
Schoko-Mokka-Bohnen zum Garnieren

> Backofen auf 200 Grad vorheizen. Muffinform einfetten und in den Kühlschrank stellen oder Papierförmchen in die Vertiefungen hineinsetzen.

> Löffelbiskuits in einen Gefrierbeutel geben und mit einem Nudelholz fein zerbröseln. In einer Schüssel mit Mehl und Backpulver vermischen.

> In einer zweiten Schüssel Ei, Öl, Milch, Zucker und Orangeback kräftig verrühren. Mehlmischung dazugeben und unterrühren.

> Teig in die Förmchen geben und im Ofen (Mitte) 20 – 25 Minuten backen. Form herausnehmen und 5 Minuten ruhen lassen. Muffins aus den Vertiefungen heben und auf einem Kuchengitter abkühlen lassen.

> Inzwischen Kaffee und Marsala mischen. Für die Creme Magerquark mit Zucker und Mascarpone vermischen.

> Muffins waagerecht halbieren. Beide Hälften in der Kaffeemischung tränken und die untere Hälfte mit $2/3$ der Creme bedecken, Muffindeckel aufsetzen.

> Mit Kakaopulver oder Puderzucker bestäuben, jeweils mit einem Klecks Creme und einer Schoko-Mokka-Bohne garnieren.

> Nährwerte pro Stück:
356 kcal, 1495 kJ, 7 g EW, 20 g F, 35 g KH

Die Creme wird noch sahniger, wenn Sie statt Magerquark insgesamt 350 g Mascarpone verwenden. Besonders aromatisch schmeckt sie, wenn man 1 EL Marsala und 1 EL abgeriebene Schale einer unbehandelten Orange unterrührt.

vegetarisch & pikant

JUNGE KÜCHE

Kresse-Feta-Muffins mit Paprika [Abb.]

FÜR 12 STÜCK:

Fett für die Form
1 Kästchen Kresse
1 kleine rote Paprikaschote
100 g Feta
250 g Mehl
¼ TL Salz
1 Msp. Pfeffer
1 Päckchen Backpulver
1 Ei
6 EL Pflanzencreme
(z. B. von Rama)
¼ l Buttermilch

> Backofen auf 180 Grad vorheizen. Muffinform einfetten und in den Kühlschrank stellen oder Papierförmchen in die Vertiefungen hineinsetzen.

> Kresse abschneiden. Paprikaschote halbieren, von Stielansatz, Trennwänden und Kernen befreien, waschen und fein würfeln. Feta ebenfalls klein würfeln.

> In einer Schüssel Mehl mit Salz, Pfeffer und Backpulver mischen. In einer zweiten Schüssel Ei, Pflanzencreme, Buttermilch und Kresse gut miteinander verrühren.

Mehlmischung kurz untermengen, ca. ¾ der Paprika- und Fetawürfel mit einem Kochlöffel zügig unterheben.

> Teig in die Muffinform füllen, mit restlichen Paprika- und Fetawürfeln bestreuen und im Ofen (Mitte) ca. 30 Minuten backen. Muffins im Blech 5 Minuten ruhen lassen, dann herausnehmen. Warm oder kalt servieren.

> Nährwerte pro Stück:
146 kcal, 607 kJ, 5 g EW, 7 g F, 17 g KH

Pesto-Ziegenkäse-Muffins [erstklassig]

FÜR 12 STÜCK:

Fett für die Form
50 g Walnusskerne
5 Stängel Basilikum
100 g Ziegenkäserolle
250 g Mehl
2 ½ TL Backpulver
1 Ei
60 g Margarine
2 geh. TL Pesto (Glas)
¼ l Buttermilch

> Muffinform einfetten und in den Kühlschrank stellen oder Papierförmchen in die Vertiefungen hineinsetzen. Backofen auf 180 Grad vorheizen.

> Walnusskerne grob hacken. Basilikum waschen, trocken schütteln, Blättchen von den Stängeln zupfen und klein schneiden. Ziegenkäse in Würfel schneiden.

> Mehl mit Backpulver mischen. In einer zweiten Schüssel Ei, Margarine, Pesto, Basilikum und Buttermilch mit dem Schneebesen

gut verrühren. Mehlmischung und Ziegenkäse unterrühren und Walnusskerne unterheben.

> Muffinmulden zu ca. ⅔ mit Teig füllen. Im vorgeheizten Backofen (Mitte) ca. 30 Minuten backen. Anschließend Muffins im Blech ca. 5 Minuten ruhen lassen, dann herausnehmen und auf ein Kuchengitter geben. Warm oder kalt servieren.

> Nährwerte pro Stück:
177 kcal, 737 kJ, 6 g EW, 10 g F, 16 g KH

Muffins

Kräuter-Oliven-Muffins mit Parmesan

FÜR 12 STÜCK:

Öl für die Form
400 g Mehl
1 TL Backpulver
1 EL Natron
Kräutersalz
je 2 TL Oregano, Thymian
und Basilikum, frisch
gehackt
100 g schwarze Oliven
ohne Kern
2 Eier, 1 Eiweiß
200 ml Buttermilch
2 EL Olivenöl
1 EL Honig
80 g Parmesan, gerieben

[Abb.]

> Backofen auf 200 Grad vorheizen. Muffinform mit Öl ausfetten oder Papierförmchen in die Vertiefungen hineinsetzen.

> In einer Schüssel Mehl, Backpulver, Natron, Kräutersalz, Oregano, Thymian und Basilikum vermengen.

> Oliven fein hacken und in einer Schüssel mit Eiern, Eiweiß, Buttermilch, Öl, Honig und Parmesan vermischen. Mehlmischung zufügen und nur so kurz miteinander vermengen, bis alle Zutaten feucht sind.

> Teig in die Vertiefungen der Muffinform füllen und im Ofen (Mitte) ca. 25 Minuten backen. In der Form kurz abkühlen lassen, herauslösen und kalt oder warm servieren.

> Nährwerte pro Stück:
213 kcal, 891 kJ, 8 g EW,
9 g F, 26 g KH

Brokkolimuffins [ganz einfach]

FÜR 12 STÜCK:

1 Packung TK-Blätterteig
(6 Platten)
150 g Brokkoli
150 g saure Sahne
100 g Gouda oder
Emmentaler, gerieben
1 EL Mehl
2 Eier
Muskatnuss, frisch gerieben
Salz
schwarzer Pfeffer

> Blätterteigplatten auftauen. Backofen auf 200 Grad vorheizen.

> Brokkoli waschen, putzen und in kleine Röschen teilen. Saure Sahne, die Hälfte des Käses, Mehl und Eier verrühren. Mit den Gewürzen pikant abschmecken und den Brokkoli untermischen.

> Teigplatten halbieren und so in die Vertiefungen der Muffinform einlegen, dass ein 1 cm hoher Rand übersteht. Jeweils ca. 1 EL Füllung hineingeben und die Teigspitzen zusammenfalten. Restlichen Käse darüberstreuen.

> Muffins im heißen Ofen (Mitte) 30 – 35 Minuten backen. Anschließend Form aus dem Ofen nehmen und 5 Minuten auskühlen lassen. Muffins aus den Vertiefungen lösen und noch warm servieren.

> Nährwerte pro Stück:
225 kcal, 945 kJ, 6 g EW,
17 g F, 12 g KH

Pikante Spinatmuffins [Abb.]

FÜR 12 STÜCK:

Fett für die Form
250 g Spinat
Salz
125 g Butter
250 g Mehl
½ TL Paprikapulver
edelsüß
Pfeffer aus der Mühle
2 ½ TL Backpulver
½ TL Natron
1 Ei
300 g Joghurt
2 EL frische Kräuter,
gehackt
2 – 3 Tomaten
12 grüne Spargelspitzen,
blanchiert
12 Stängel Kerbel

> Muffinform einfetten und in den Kühlschrank stellen oder Papierförmchen hineinsetzen. Backofen auf 180 Grad vorheizen.

> Spinat waschen, verlesen und tropfnass in wenig kochendem Salzwasser zusammenfallen lassen. Dann abgießen, kalt abschrecken, abtropfen lassen, gut ausdrücken und pürieren.

> Butter zerlassen und abkühlen lassen. In einer Schüssel Mehl, Paprikapulver, etwas Pfeffer, Backpulver und Natron vermischen. In einer zweiten Schüssel Ei verquirlen und mit Joghurt, Spinat, Kräutern und Butter verrühren.

Mehlmischung zufügen und rasch unterrühren, bis die trockenen Zutaten feucht sind.

> Teig in die Vertiefungen der Muffinform füllen und im Ofen (Mitte) 25 – 30 Minuten backen. Muffins noch 5 Minuten in der Form ruhen lassen, dann herausnehmen.

> Zum Servieren auf Tomatenscheiben anrichten und mit blanchierten Spargelspitzen sowie Kerbel garnieren.

> Nährwerte pro Stück:
184 kcal, 773 kJ, 5 g EW,
10 g F, 18 g KH

Parmesanmuffins [Aroma pur]

FÜR 12 STÜCK:

Fett für die Form
2 Salbeiblätter
½ Bd. Petersilie
250 g Mehl
1 TL Zucker
2 TL Backpulver
2 EL Parmesan, gerieben
200 g Joghurt
50 g Butter, zerlassen
1 Ei

> Backofen auf 200 Grad vorheizen. Muffinform einfetten und in den Kühlschrank stellen oder Papierförmchen in die Vertiefungen setzen.

> Salbei und Petersilie fein hacken. Mehl, Zucker, Backpulver, Kräuter und Parmesan in einer Schüssel vermischen.

> In einer zweiten Schüssel Joghurt, Butter und Ei cremig schlagen. Die

Mehlmischung zugeben und zügig unterrühren.

> Teig in die Form füllen und Muffins im Ofen (Mitte) ca. 25 Minuten backen, bis sie oben aufreißen. Form aus dem Ofen nehmen, Muffins kurz ruhen lassen, herauslösen und auf einem Kuchengitter abkühlen lassen.

> Nährwerte pro Stück:
150 kcal, 630 kJ, 5 g EW,
6 g F, 18 g KH

Gemüsemuffins [fürs Buffet]

FÜR 12 STÜCK:
Fett für die Form
100 g Zucchini
150 g Möhren
½ Bd. Petersilie
100 g Dinkelmehl
100 g Mehl
2 ½ TL Backpulver
50 g Sonnenblumenkerne, geröstet und gehackt
200 ml Buttermilch
50 ml Öl
1 Ei
1 Msp. Salz
100 g Emmentaler, gerieben

> Backofen auf 200 Grad vorheizen. Muffinform einfetten und in den Kühlschrank stellen oder Papierförmchen in die Vertiefungen hineinsetzen.

> Zucchini und Möhren putzen. Zucchini grob und Möhren fein raspeln. Petersilie waschen, trocken schütteln und die Blättchen fein hacken.

> In einer Schüssel Mehl und Backpulver mischen. Geraspeltes Gemüse, Sonnenblumenkerne sowie Petersilie untermischen.

> In einem hohen Rührbecher Buttermilch, Öl und Ei gut miteinander verrühren. Mit Salz würzen. Die flüssige Mischung nach und nach unter die trockene Mischung rühren. Dabei nur so lange rühren, bis alles gerade so miteinander vermengt ist.

> Teig gleichmäßig in die Vertiefungen der Form füllen, Käse darüberstreuen und die Muffins im Backofen (Mitte) 15 – 20 Minuten backen.

> Muffinblech aus dem Ofen nehmen, Muffins ca. 5 Minuten in der Form ruhen lassen, dann aus den Mulden lösen. Vollständig abkühlen lassen oder noch lauwarm servieren.

> Nährwerte pro Stück:
90 kcal, 360 kJ, 3 g EW, 5 g F, 7 g KH

Besonders dekorativ sehen die Muffins aus, wenn Sie 5 Minuten vor Ende der Backzeit Möhren- und Zucchinistreifen über die Küchlein streuen.

Für maximalen Gemüsegenuss sorgt dazu ein Gurkendrink: 1 Salatgurke waschen und würfeln. ½ Bd. Basilikum waschen, trocken schütteln und die Blättchen zusammen mit der Gurke, 2 TL Zitronensaft und 4 EL Haferkleieflocken mit dem Pürierstab mixen. Mit weißem Pfeffer würzen, auf 4 Gläser verteilen und mit Mineralwasser aufgießen. Nach Wunsch mit Gurkensticks und Basilikum garniert zu den Gemüsemuffins servieren.

Muffins

Avocado-Frühlingszwiebel-Muffins

[Genuss pur]

FÜR 12 STÜCK:

Fett für die Form
1 Avocado
1 – 2 TL Zitronensaft
Salz
Pfeffer
1 kleine Knoblauchzehe
5 Frühlingszwiebeln
1 Zweig Thymian
250 g Mehl
2 ½ TL Backpulver
½ TL Natron
100 g Halbfettbutter
(z. B. von Du darfst)
1 Ei
200 ml Buttermilch
50 g Parmesan, gerieben

> Muffinform fetten und in den Kühlschrank stellen oder Papierförmchen in die Vertiefungen hineinsetzen. Backofen auf 180 Grad vorheizen.

> Avocado schälen, halbieren und den Stein entfernen. 100 g Fruchtfleisch klein würfeln, mit Zitronensaft beträufeln, salzen und pfeffern. Knoblauch schälen, durch die Presse drücken und untermischen.

> Frühlingszwiebeln putzen, waschen und in feine Ringe schneiden. Thymian waschen, trocken schütteln und die Blättchen abzupfen.

> In einer Schüssel Mehl, Backpulver, Natron, ½ TL Salz, Frühlingszwiebeln und Thymian mischen. In einer zweiten Schüssel weiche Butter, Ei, Buttermilch und Parmesan verquirlen. Avocado zugeben. Die Mehlmischung zufügen und mit einem Kochlöffel nur so lange rühren, bis die trockenen Zutaten feucht sind.

> Teig in die Vertiefungen füllen und auf der mittleren Schiene ca. 25 Minuten backen. Muffins aus dem Ofen nehmen, in der Form 5 Minuten ruhen lassen, herauslösen und auf einem Kuchengitter abkühlen lassen. Lauwarm oder kalt servieren.

> Nährwerte pro Stück:
156 kcal, 650 kJ, 5 g EW, 7 g F, 17 g KH

Und dazu ein Avocadodip: Schale 1 unbehandelten Limette abreiben, Saft auspressen. 1 große Avocado halbieren und Kern entfernen. Fruchtfleisch mit einem Löffel aus der Schale lösen und in ein hohes Gefäß geben. Mit 200 g aufgetauten TK-Erbsen, 150 g fettarmem Joghurt, 3 EL Limettensaft und Limettenschale pürieren. 1 Zwiebel und 1 Knoblauchzehe schälen und fein hacken. 150 g Kirschtomaten fein würfeln und mit Zwiebel und Knoblauch zum Acocadodip geben. Zum Schluss mit etwas Tabasco, Salz, Pfeffer und 1 Prise Zucker abschmecken.

Muffins

Käsemuffins mit Walnüssen [Abb.]

FÜR 12 STÜCK:

Öl für die Form
3 Frühlingszwiebeln
100 g Emmentaler, gerieben
250 g Mehl (Type 1050)
3 TL Backpulver
Salz
Pfeffer
1 Msp. Muskatnuss, gerieben
2 Eier
6 EL Öl
1/4 l Milch
2 EL Walnusskerne, gehackt

> Backofen auf 200 Grad vorheizen. Muffinform mit Öl einfetten.

> Frühlingszwiebeln waschen, putzen und fein hacken. Mit 75 g Emmentaler, Mehl, Backpulver, Salz, Pfeffer und Muskatnuss mischen. Eier, Öl und Milch verrühren, dazugeben und alles vermischen.

> Teig in die Vertiefungen der Form füllen. Mit dem restlichen Käse und den Nüssen bestreuen. Im Ofen (Mitte) ca. 20 Minuten backen. Form herausnehmen, 5 Minuten ruhen lassen und die Muffins aus den Vertiefungen herausnehmen. Warm oder kalt servieren.

> Nährwerte pro Stück:
198 kcal, 828 kJ, 7 g EW,
12 g F, 17 g KH

Besonders pikant schmecken die Muffins mit geriebenem Parmesan und angerösteten Pinienkernen.

Käse-Pilz-Muffins [würzig]

FÜR 12 STÜCK:

1 Packung TK-Blätterteig (6 Platten)
120 g Pfifferlinge
1 kleine Zwiebel
1 EL Öl
60 g Gouda oder Emmentaler, gerieben
2 EL Parmesan, gerieben
125 g Crème fraîche
1 EL Mehl
2 Eier
Muskatnuss, frisch gerieben
Salz
Pfeffer aus der Mühle

> Blätterteig auftauen. Backofen auf 200 Grad vorheizen.

> Pfifferlinge putzen und in kleine Stückchen schneiden. Zwiebel schälen und in kleine Würfel schneiden.

> Öl in einer Pfanne erhitzen, Zwiebel und Pfifferlinge darin unter Rühren kurz anschwitzen. Pfanne vom Herd nehmen.

> Käse mischen und 3/4 der Mischung mit Crème fraîche, Mehl und Eiern verrühren. Mit Muskatnuss, Salz und Pfeffer würzen. Die Zwiebel-Pilz-Mischung unterheben.

> Blätterteigplatten halbieren. In jede Vertiefung der Muffinform ein Teigquadrat so einlegen, dass ein 1 cm hoher Rand übersteht. Je 1 EL Füllung hineingeben und die Teigspitzen oben zusammenfalten. Restlichen Käse darüberstreuen.

> Muffins 30 – 35 Minuten im Ofen (Mitte) backen. Das Blech herausnehmen und 5 Minuten abkühlen lassen. Muffins anschließend aus der Form lösen und noch warm servieren.

> Nährwerte pro Stück:
242 kcal, 1016 kJ, 5 g EW,
19 g F, 12 g KH

Zucchinimuffins mit Basilikumschmand

[besonders gut]

FÜR 12 STÜCK:

Fett für die Form
100 g Zucchini, Salz
1 Knoblauchzehe
200 g Mehl
1 TL Backpulver
1/4 TL Paprikapulver rosenscharf
200 ml Milch
1 Ei, 4 EL Öl
1 TL Thymianblättchen, gehackt
200 g Schmand
3 EL Sahne
1 EL Zitronensaft
2 EL Basilikumblätter, fein gehackt
Pfeffer aus der Mühle

> Muffinform einfetten und in den Kühlschrank stellen oder Papierförmchen in die Vertiefungen hineinsetzen.

> Zucchini waschen, trocken tupfen, raspeln, salzen, etwas Wasser ziehen lassen und ausdrücken. Knoblauch schälen und fein hacken.

> Mehl, Backpulver und Paprikapulver in eine Schüssel sieben. Milch und Ei verquirlen, dann mit dem Öl einrühren. Zucchiniraspel unter den Teig mischen. Knoblauch und Thymian zugeben.

> Teig in die Mulden füllen und im vorgeheizten Backofen (Mitte) bei 200 Grad 25 Minuten backen.

> In der Zwischenzeit in einer Schüssel Schmand mit Sahne, Zitronensaft sowie Basilikum verrühren, mit Salz und Pfeffer abschmecken.

> Muffins aus den Förmchen lösen, auf Tellern anrichten und mit dem Basilikumschmand warm servieren.

> Nährwerte pro Stück:
242 kcal, 1016 kJ, 5 g EW, 19 g F, 12 g KH

Knoblauchmuffins [raffiniert]

FÜR 12 STÜCK:

Fett für die Form
250 g Mehl
1 EL Zucker
4 TL Backpulver
1/2 TL Salz
3 EL Butter, 1 Ei
200 ml Milch
1 EL Schnittlauchröllchen
3 Knoblauchzehen

> Backofen auf 200 Grad vorheizen. Muffinform einfetten und in den Kühlschrank stellen oder Papierförmchen in die Vertiefungen setzen.

> Mehl, Zucker, Backpulver und Salz in einer Schüssel mischen. Butter zerlassen. In einer zweiten Schüssel Ei verquirlen, Butter, Milch und Schnittlauch zugeben und gut vermischen. Knoblauch schälen und dazupressen.

> Mehlmischung dazugeben und zügig unterarbeiten. Teig in die Mulden füllen und im Ofen (Mitte) ca. 20 Minuten backen. Form aus dem Ofen nehmen, kurz ruhen lassen, Muffins herauslösen und auf einem Kuchengitter abkühlen lassen.

> Nährwerte pro Stück:
130 kcal, 550 kJ, 3 g EW, 4 g F, 18 g KH

JUNGE KÜCHE

deftig & herzhaft

Spargel-Schinken-Muffins [Abb.]

FÜR 12 STÜCK:

Fett für die Form
300 g Spargel
Salz
1 TL Zucker
100 g Schwarzwälder
Schinken ohne Fettrand,
in Scheiben geschnitten
80 g Margarine
(z. B. von Sanella)
350 g Mehl
1 Päckchen Backpulver
1 TL Natron
1 EL Petersilie, frisch
gehackt
Pfeffer, 2 Eier
120 g saure Sahne

> Backofen auf 190 Grad vorheizen. Muffinform einfetten und in den Kühlschrank stellen oder Papierförmchen in die Vertiefungen hineinsetzen.

> Spargel schälen, die Enden abschneiden und Spargel in ca. 1 cm große Stücke schneiden. 1/4 l Wasser mit etwas Salz und Zucker aufkochen. Spargel ca. 5 Minuten darin garen, abgießen, dabei das Spargelwasser auffangen und abkühlen lassen. Schinken in kleine Stücke schneiden. Margarine schmelzen und abkühlen lassen.

> In einer Schüssel Mehl, Backpulver, Natron, Salz, Petersilie und Pfeffer verrühren. In einer zweiten Schüssel Eier, 200 ml Spargelwasser und saure Sahne mit dem Handrührgerät schaumig schlagen. Margarine dazugeben und die Mehlmischung löffelweise unterrühren. Spargelstücke und Schinken unterheben.

> Teig in die Muffinform füllen und im Ofen (Mitte) ca. 25 Minuten backen. Herausnehmen, kurz in der Form ruhen lassen und die Muffins aus den Vertiefungen lösen. Lauwarm genießen.

> Nährwerte pro Stück:
185 kcal, 772 kJ, 7 g EW,
8 g F, 22 g KH

Salami-Quark-Muffins [ganz einfach]

FÜR 12 STÜCK:

Fett für die Form
170 g Salami
250 g Mehl
1 Päckchen Backpulver
je 1 EL Petersilie und Dill,
gehackt
Salz
Pfeffer aus der Mühle
1 Ei
50 ml Sonnenblumenöl
150 g Quark
160 ml Buttermilch

> Backofen auf 200 Grad vorheizen. Muffinform einfetten und in den Kühlschrank stellen oder Papierförmchen in die Vertiefungen setzen.

> Salami klein würfeln. Mehl, Backpulver, Kräuter, Salz, Pfeffer und Salami in einer Schüssel vermischen. In einer zweiten Schüssel Ei, Öl, Quark und Buttermilch gründlich vermischen. Mehlmischung dazugeben und nur so lange rühren, bis alle Zutaten feucht sind.

> Teig in die Form füllen und im Ofen (Mitte) ca. 25 Minuten backen. Aus dem Ofen nehmen, kurz ruhen lassen, Muffins herauslösen und lauwarm genießen.

> Nährwerte pro Stück:
125 kcal, 523 kJ, 4 g EW,
5 g F, 17 g KH

Nudel-Schinken-Muffins mit Gemüse

[schmeckt auch Kindern]

FÜR 12 STÜCK:

150 g Spirellinudeln
250 g gekochter Schinken
(z. B. von Pommern Spieß),
in Scheiben geschnitten
150 g TK-Brokkoli
150 g TK-Erbsen
1 TL Butter
1 Fleischtomate
Fett für die Form
4 Eier
200 g Sahne
150 g Käse, gerieben
Salz
Pfeffer aus der Mühle
2 EL gemischte
Kräuter (z. B. Petersilie,
Schnittlauch, Kerbel, etc.),
gehackt

> Backofen auf 200 Grad vorheizen.

> Nudeln nach Packungsanweisung bissfest kochen, abgießen, abschrecken und abtropfen lassen. Schinken in kleine Stücke schneiden. Brokkoli und Erbsen in einem Sieb auftauen lassen, Brokkoliröschen evtl. etwas kleiner schneiden.

> Butter in einer Pfanne erhitzen, Erbsen und Brokkoli dazugeben und ca. 5 Minuten darin dünsten. Tomate waschen, halbieren, Stielansatz und Kerne entfernen. Die Tomate in Würfel schneiden.

> Erbsen, Brokkoli, Tomate, Nudeln sowie Schinken miteinander vermischen und in die gefetteten Vertiefungen der Muffinform füllen.

> Eier, Sahne und Käse verrühren, mit Salz und Pfeffer würzen, Kräuter untermischen und als Guss in die Förmchen füllen. Muffins im Ofen (Mitte) ca. 30 Minuten goldbraun backen.

> Form aus dem Ofen nehmen, Muffins kurz im Blech ruhen lassen und aus der Form lösen. Warm oder kalt servieren.

> Nährwerte pro Stück:
206 kcal, 866 kJ, 14 g EW,
11 g F, 12 g KH

Dazu passt ein würziger Tomatendip: 3 – 4 Schalotten und 2 Knoblauchzehen schälen und fein würfeln. 1 EL grüne Pfefferkörner (Glas) fein hacken. Alles in 1 EL Butter andünsten, bis der Knoblauch glasig ist. Mit 100 ml Weißwein ablöschen und reduzieren lassen. 500 g passierte Tomaten (Tetrapak) zufügen und unter Rühren dick einkochen. Dip mit dem Stabmixer fein pürieren und mit 1 TL Senfpulver und etwas Salz abschmecken. Vor dem Servieren abkühlen lassen.

Muffins

Speckmuffins mit Frühlingszwiebeln & Gruyère [ein Genuss]

FÜR 12 STÜCK:

120 g kalte Butter
250 g Mehl
5 Eier
Salz
Fett für die Form
150 g Frühlingszwiebeln
125 g durchwachsener Speck
125 g Sahne
50 g Gruyère, gerieben
2 EL Petersilie, gehackt
Pfeffer aus der Mühle
Mehl für die Arbeitsfläche

> Butter in kleine Stückchen schneiden und mit Mehl, 1 Ei und 1 Prise Salz zu einem glatten Teig verkneten. In Frischhaltefolie wickeln und für 30 Minuten in den Kühlschrank stellen.

> Muffinform einfetten und in den Kühlschrank stellen. Backofen auf 220 Grad vorheizen.

> Frühlingszwiebeln putzen, waschen und fein schneiden. Speck würfeln und in einer Pfanne leicht kross anbraten, zum Schluss die Frühlingszwiebeln kurz mitdünsten.

> Übrige Eier mit der Sahne verquirlen, Gruyère und Petersilie unterrühren, mit Salz und Pfeffer würzen. Frühlingszwiebeln und Speck untermengen.

> Teig in 12 gleich große Stücke teilen und auf leicht bemehlter Arbeitsfläche rund ausrollen (ca. 12 cm Ø) und in die Mulden der Muffinform hineinsetzen, dabei einen Rand formen. Speck-Eier-Masse hineinfüllen und im Ofen ca. 30 Minuten backen.

> Muffins aus dem Ofen nehmen, kurz in der Form ruhen lassen und aus den Vertiefungen herauslösen. Nach Wunsch in Papierförmchen setzen und warm servieren.

> Nährwerte pro Stück:
243 kcal, 1016 kJ, 9 g EW, 17 g F, 16 g KH

Wer keinen Speck mag, kann auch gekochten Schinken in Würfel schneiden. Frühlingszwiebeln können durch Lauch, Gruyère durch Parmesan ersetzt werden. 1 TL Kümmelsamen macht die Muffins noch herzhafter. Wenn Sie mögen, können Sie vor dem Servieren fein gehackte, angeröstete Pinienkerne über die Muffins streuen.

Hähnchen-Gemüse-Muffins [machen satt]

> Blätterteig auftauen. Backofen auf 200 Grad vorheizen.

> Hähnchenbrustfilet unter fließendem kaltem Wasser waschen, trocken tupfen und in kleine Stücke schneiden. Zwiebel und Knoblauch schälen und fein würfeln.

> Öl in einer Pfanne erhitzen und das Fleisch darin anbraten. Zwiebel- und Knoblauchwürfel zufügen. Mit Salz, Pfeffer und Currypulver würzen.

> Gemüse waschen und putzen. Paprikaschote in Würfel, Sellerie und Lauch in feine Ringe schneiden. Ricotta und saure Sahne verrühren, mit Zitronensaft, Salz, Pfeffer und Kräutern würzen. Käsemasse und Gemüse vermischen.

> Teigplatten halbieren. In jede Vertiefung der Muffinform ein Teigquadrat so einlegen, dass ein 1 cm hoher Rand übersteht. Je 1 EL Gemüsefüllung hineingeben und etwas Fleisch darauflegen.

> Teigspitzen oben zusammenfalten. Eigelb und Milch verquirlen und mit einem Pinsel darüberstreichen. Mit Sesam bestreuen.

> Muffins im Ofen (Mitte) 20 – 25 Minuten backen. 5 Minuten in der Form abkühlen lassen. Anschließend herausnehmen und warm servieren.

> Nährwerte pro Stück:
252 kcal, 1054 kJ, 7 g EW, 20 g F, 13 g KH

FÜR 12 STÜCK:

1 Packung TK-Blätterteig (6 Platten)
200 g Hähnchenbrustfilet
1 kleine Zwiebel
1 Knoblauchzehe
2 EL Öl
Salz
Pfeffer aus der Mühle
Currypulver
$1/2$ rote Paprikaschote
1 kleine Stange Sellerie
1 kleine Stange Lauch
125 g Ricotta
4 EL saure Sahne
etwas Zitronensaft
2 EL Kräuter (z. B. Dill, Petersilie, Schnittlauch), frisch gehackt
1 Eigelb
1 EL Milch
2 EL Sesam

Als Beilage passt ein Rucola-Kräuter-Salat: 1 Bd. Rucola und ½ Kopf Lollo rosso putzen, waschen und trocken schleudern. Lollo rosso in mundgerechte Stücke zerpflücken. 100 g Kirschtomaten waschen, trocken tupfen und halbieren. 1 Bd. gemischte Kräuter (z. B. Kerbel, Petersilie, Estragon) waschen, Blättchen von den Stielen zupfen und fein hacken. 1 EL Balsamico-Essig, 3 EL Olivenöl, Salz, Pfeffer und Kräuter verrühren. 30 g Pinienkerne in einer Pfanne ohne Fett anrösten. Alles mit der Soße vermischen und mit Pinienkernen bestreut servieren.

Lachsmuffins mit Dill & Kresse [edel]

FÜR 12 STÜCK:

200 g Räucherlachs
Fett für die Form
120 g Butter
350 g Mehl
2 TL Backpulver
300 g saure Sahne
2 Eier
2 EL mittelscharfer Senf
1/4 TL Salz
1 Prise Paprikapulver
2 EL Dill, gehackt
1 EL Kresseblättchen

> Lachsscheiben nebeneinander auf eine Platte oder ein Kunststoffbrett legen, mit Frischhaltefolie abdecken und für ca. 1 Stunde ins Tiefkühlfach legen.

> Backofen auf 200 Grad vorheizen. Die Vertiefungen der Muffinform einfetten und in den Kühlschrank stellen oder Papierförmchen in die Vertiefungen setzen.

> Butter schmelzen und wieder etwas abkühlen lassen. Mehl und Backpulver in einer Schüssel mischen. In einer zweiten Schüssel saure Sahne, Eier und Senf gut miteinander verquirlen. Salz, Paprikapulver, Dill und Kresse darunterrühren.

> Lachs aus dem Tiefkühlfach nehmen und in ca. 1 1/2 cm große Streifen schneiden. Streifen einzeln unter das Mehl rühren, sodass sie sich gut verteilen. Eine Mulde in die Lachs-Mehl-Mischung drücken.

> Sahnemischung und die zerlassene Butter in die Mulde geben und alles zügig mit einem Kochlöffel zu einem Teig verrühren.

> Teig in die Vertiefungen der Muffinform verteilen und auf der mittleren Schiene im Backofen 30 – 35 Minuten backen. Warm servieren.

> Nährwerte pro Stück:
244 kcal, 1067 kJ, 9 g EW,
14 g F, 23 g KH

Reichen Sie dazu einen Quark-Meerrettich-Dip: 1 Apfel schälen, vierteln, vom Kernhaus befreien und grob raspeln. Mit 1/2 TL abgeriebener Zitronenschale (unbehandelt) und 2 EL Zitronensaft vermengen. 500 g Sahnequark mit 2 EL Meerrettich (Glas) glatt rühren. Apfelraspel untermengen. Dip mit Salz und weißem Pfeffer kräftig abschmecken. Mit Petersilie garnieren und zu den Muffins servieren.

Pastamuffins mit Thunfisch & getrockneten Tomaten

[auch als Vorspeise]

FÜR 12 STÜCK:

250 g grüne Bandnudeln
Salz
4 EL Olivenöl
10 grüne, entsteinte Oliven
100 g getrocknete Tomaten
150 g Thunfisch natur, ohne Öl (Dose)
100 g weiße Bohnen (Dose)
1 Bd. Dill, frisch gehackt
6 Eier
50 g saure Sahne
50 g Sahne
Pfeffer aus der Mühle
250 g Mozzarella

> Nudeln in reichlich kochendem Salzwasser bissfest garen, abgießen, abschrecken und abtropfen lassen. Muffinform leicht einölen. Nudeln in die Mulden verteilen und zu Nestern formen. Backofen auf 180 Grad vorheizen.

> Oliven in Scheiben schneiden, Tomaten zur Hälfte in Streifen schneiden, den Rest würfeln. Thunfisch abgießen und zerpflücken. Bohnen im Sieb abtropfen lassen und kurz abbrausen.

> Oliven, Tomatenwürfel, Thunfisch, Bohnen und Dill locker vermischen und in die Nudelnester füllen.

> Eier, saure und süße Sahne miteinander verquirlen und mit Salz und Pfeffer würzen. Die Eiersahne über die Nudeln verteilen. Mozzarella in Scheiben schneiden und in die Viertiefungen legen. Mit restlichem Olivenöl beträufeln.

> Im Backofen (Mitte) in 20 – 25 Minuten überbacken. Muffins aus der Form lösen und in Papierförmchen servieren.

> Die Tomatenstreifen über die Muffins streuen und lauwarm genießen.

> Nährwerte pro Stück:
277 kcal, 1159 kJ, 14 g EW, 17 g F, 17 g KH

Und dazu schmeckt am besten ein Thunfischdip: 1 Knoblauchzehe schälen und halbieren. 1 TL Kapern (Glas) und 1 Dose Thunfisch in Öl (185 g) abtropfen lassen. Thunfisch in Stücke zerpflücken. 1 Eigelb in den Mixer geben. ½ TL Dijonsenf und 2 TL Zitronensaft zugeben und durchschlagen. ⅛ l Öl unter Rühren hineinlaufen lassen, bis die Masse die Konsistenz einer schweren Creme hat. 1 TL Zitronensaft, Thunfisch, Kapern und 1 EL Tomatenmark dazugeben und alles nochmals kräftig schlagen. Falls die Creme zu dickflüssig wird, etwas Wasser zufügen. Mit Salz und Pfeffer abschmecken und mit 1 EL gehackter Petersilie bestreut servieren.

Muffins

Hackfleisch-Pistazien-Muffins [gute Mischung]

FÜR 12 STÜCK:

Fett für die Form
150 g Rinderhackfleisch
1 EL Butterschmalz
1 Schalotte
1 Knoblauchzehe
280 g Mehl
½ TL Salz
½ TL Paprikapulver edelsüß
60 g Pistazien, gehackt
2 ½ TL Backpulver
½ TL Natron
1 Ei
50 ml Öl
300 ml Buttermilch

> Muffinform einfetten und in den Kühlschrank stellen oder Papierförmchen in die Vertiefungen hineinsetzen. Backofen auf 180 Grad vorheizen.

> Hackfleisch im heißen Butterschmalz unter Rühren krümelig braten. Kurz abkühlen lassen.

> Schalotte schälen und fein hacken. Knoblauch schälen. Mehl mit Salz und Paprikapulver, 2 EL Pistazien, Hackfleisch, Schalotte, Backpulver und Natron vermischen. Den Knoblauch dazupressen und unterrühren.

> In einer Schüssel das Ei leicht verquirlen, Öl und Buttermilch zufügen und alles gut miteinander verrühren. Mehlmischung zur Eimasse geben und dabei nur so lange rühren, bis die trockenen Zutaten feucht sind.

> Teig in die Vertiefungen füllen und mit den restlichen gehackten Pistazien bestreuen. Im Backofen (Mitte) 20 – 25 Minuten backen. Muffins noch 5 Minuten in der Form ruhen lassen, dann herausheben und warm servieren.

> Nährwerte pro Stück: 198 kcal, 832 kJ, 7 g EW, 10 g F, 19 g KH

Hähnchen-Ananas-Muffins [indisch inspiriert]

FÜR 12 STÜCK:

Fett für die Form
160 g Ananas (Dose)
200 g Hähnchenbrustfilet
1 Knoblauchzehe
80 g Cashewkerne
75 ml Öl
Salz
Pfeffer
250 g Mehl
2 TL Backpulver
2 Eier
300 g Naturjoghurt
2 TL Tandoori-Gewürzpulver
½ TL Currypulver

> Backofen auf 180 Grad vorheizen. Muffinform einfetten und in den Kühlschrank stellen.

> Ananas in einem Sieb abtropfen lassen und in kleine Stückchen schneiden. Fleisch klein würfeln. Knoblauch schälen und fein hacken. Cashewkerne ebenfalls fein hacken.

> 2 EL Öl erhitzen. Hähnchenfleisch darin kräftig anbraten, Knoblauch zugeben, mit Salz und Pfeffer würzen. Anschließend abkühlen lassen.

> Mehl und Backpulver mischen und mit dem Fleisch und Ananas verrühren. Eier, restliches Öl, Joghurt und Gewürze verquirlen. Mehl-Fleisch-Mischung zugeben und nur so lange rühren, bis alle trockenen Zutaten feucht sind.

> Teig in die Muffinform füllen. Im Backofen (Mitte) ca. 25 Minuten backen. Warm oder kalt servieren.

> Nährwerte pro Stück: 222 kcal, 929 kJ, 9 g EW, 12 g F, 21 g KH

Bild- und Textquellen

Titelbild: StockFood; hinten von links nach rechts: Butaris, Sanella, Rama
Inhalt: Alnatura: 9, 25; Aurora: 43 l.; Bonisolli/Südwest Verlag: 72, 75; Butaris: 21, 33; Du darfst: 51, 61;
Eichner/Falken Verlag: 41; Kargl/Südwest Verlag: 63; Pommern Spieß: 69; Pomps Kindergrieß: 27;
Rama: 19, 30, 37, 53; Sanella: 23, 67; Schmitz/Südwest Verlag: 13; Schwartauer Werke: 7, 14;
Seiffe/Südwest Verlag: 17, 59; StockFood: 4, 5, 29, 35, 39, 42, 43 r., 45, 47, 49, 57, 65, 71, 77;
The Food Professionals Köhnen GmbH: 55; Urban/Südwest Verlag: 11